Mami, me están quitando la imaginación Español

Educando a su Niño Pequeño en Casa

Pam Oken-Wright

Traducción al español por Shirley Murillo

Mami, me están quitando la imaginación Español
Educando a su Niño Pequeño en Casa

© 2020 by Pam Oken-Wright
All rights reserved

No part of this book may be reproduced in any form or by any means, electronic or mechanical including photocopy, information storage or a retrieval system without the express and written consent of the author. Reproductions of the cover or brief quotations from the text are permitted when used in conjunction with book reviews by qualified editors or authors.

Traducción al español por Shirley Murillo

Layout and Design by Andy Grachuk
www.JingotheCat.com

Dedicado a Tristan James Wright, mi hijo he inspiración

Table of Contents

Prefacio: La Forma de Ser de un Niño en el Mundo — 9

PARTE I: ¿Qué es la Educación y Qué es el Aprendizaje? — 13
    Como Ocurre el Aprendizaje — 14
    Disposiciones y Hábitos Mentales — 15
    Como Usar Este Libro — 17

PARTE II: Una Ventana al Mundo de su Hijo — 21
    La Filosofía de la Educación de Reggio Emilia — 22
    "Yo Sé Cómo es Que Llueve": Escuchando de una Nueva Manera — 25
    Viendo el Mundo a Través de los Ojos de su Hijo — 28
    Invitando a Tu Hijo a Representar sus Ideas — 29

PARTE III – Comprendiendo El Mundo de su Hijo — 33
    Etapas de Representación — 34
    El Desarrollo del Dibujo — 36
    Ciencia y Pensamiento Mágico — 40

PARTE IV – Expandiendo el Mundo de su Hijo — 45
    Invitaciones para Involucrarse en la Participación — 46
    La Diferencia entre Provocaciones y Actividades — 48
    Los Cien Lenguajes de los Niños — 49
        Por qué importan los materiales — 49
        Exploración — 50
        Dibujando todos los días — 50
        Respondiendo al Trabajo de su Hijo: "¿Qué está pasando aquí?" — 51
        Tomando el Dictado de una Historia — 52
        Solución de Problemas — 53
        Oportunidades para Dibujar — 54
        Combinar medios — 56
        Pintar el Mundo — 57

Disfraces y Juego Dramático ... 61
La importancia de asumir riesgos y el derecho del niño a intentarlo ... 63
Disfraces y Juego Dramático ... 65
Construcción ... 69
Enriquecimiento del Juego de Construcción ... 72
Papel de Construcción ... 74
Mundos Pequeños ... 77
Esculpir ... 78
   Arcilla ... 79
   Alambres ... 83
   Papel de aluminio ... 87
Costura ... 89
   Primer tejido ... 89
   Telares de Cartón ... 91
   Telares de círculo grande y pequeño ... 92
   Telares encontrados ... 93
   Tejer sin telar ... 94

PARTE V: Una Relación con el Mundo Natural: Sumergirse en las Maravillas ... 97

Seguir la Curiosidad de los Niños ... 98
   El mundo natural ... 98
   Dibujo de Observación ... 100
   Llevar un Diario de la Naturaleza ... 102
   Arte de Hielo ... 103
   Teorías de dibujo ... 106
   Luz y Sombra ... 107
   Hacer una casa oscura ... 113
   Reflexión ... 114
   Física e Ingeniería ... 116
      Las Rampas y las Pelotas ... 116
      Reacciones en Cadena ... 118
      Invención e ingeniería ... 119
      Fabricando ... 120
   Responder a las Expresiones de Curiosidad de su Hijo ... 125

PARTE VI – Más Invitaciones para la Imaginación   127
  Imaginación e Intelecto   128
  Canciones   128
    Juega el Juego de Garabatos   129
    Cambios   129
    Perspectiva   129
  Transformaciones   130
    Transformando el yo   130
    Transformando colores   132
    Kirigami   133
  Narración Colaborativa   134

PARTE VII: Preguntas Frecuentes   137
  ¿Qué Pasa con la Lectura y la Escritura?   138
  ¿Qué Pasa con las Matemáticas?   140
  ¿Qué Pasa si mi Hijo hace Hojas de Trabajo todo el día en la Escuela?   142
  ¿Cómo Preparará Este Tipo de Educación a Mi Hijo para el Mundo Actual?   143
  ¿Qué Pasa si Estoy Educando en Casa?   144

PARTE VIII: Reflexiones Finales   149
  El Poder de la Pasión   150
  Conclusión   152

Apéndice   153
  Materiales para tener a mano   153
    Papel   153
    Medios de Dibujo   154
    Pintar   154
    Pinceles   155
    Material de Oficina   155
    Arcilla   156
    Telas   156
    Cable   156
    Costura   157
    Suministros de Construcción   157

Expresiones de Gratitud 161

Referencias 162

Para Leer Aún Más 163

Prefacio: La Forma de Ser de un Niño en el Mundo

Yo estaba trabajando en mi escritorio en el patio de luz, con la puerta corrediza de vidrio abierta y la lluvia caía sobre el patio. Mi hijo de tres años apretó las manos contra la pantalla y se mantuvo quieto por un tiempo suficiente para que, intrigada, levantara yo la vista de mi trabajo.

"Mami", dijo, volviéndose hacia mí. "Yo sé cómo es que llueve".

"¿Tú lo sabes?" Yo invité, con mi pregunta.

"Sí", dijo. "Las flores beben y luego escupen el agua hacia el cielo. Entonces el cielo retiene el agua hasta que llueve ".

Como estaba acostumbrado a que yo le solicitara sus teorías sobre cómo funcionan las cosas, mi hijo sabía cómo articular su teoría y conocía el placer de hacerlo. Como resultado, pude ser testigo de este ... y más de mil ... momentos de brillantez.

Además de ser la mamá de Tristan, enseñé a niños de cuatro a seis años durante casi cuatro décadas. Durante tres de esas décadas, mi práctica en el aula se inspiró en las escuelas de Reggio Emilia. Como docente-investigadora en un aula inspirada en Reggio, aprendí de los cientos de niños pequeños que conocía, el esperar a quedar asombrada cuando estaba en presencia de sus pensamientos. Si escuchas a tu hijo tanto como le hablas, si preguntas tanto como le dices, tú también te sorprenderás del poder del intelecto de tu hijo.

Cada niño es inteligente, ingenioso, competente y se ve impulsado a relacionarse con otras personas y con el mundo. Pero no todos los niños crecen creyendo esto sobre sí mismos. No todos los niños están invitados a mostrarle estas cosas al mundo. En estos días, la competencia académica ocupa un lugar central en la escuela, y a veces, incluso en el preescolar, y el intelecto de su hijo ... la forma en que piensa sobre el mundo y sobre sí mismo ... y el crecimiento de los recursos personales que ayudan a un niño a saber cómo aprender obtienen una segunda facturación si es que se les considera del todo.

Eres el maestro de tu hijo. Fuiste su primer maestro, eres su maestro para siempre. Quizás estés colaborando con la escuela, lo cual es maravilloso. Este libro puede ayudar a que su hogar y su escuela se conviertan en una extensión el uno del otro. Pero tal vez solo esté observando la escolaridad de su hijo. Quizás la escuela te dijo: "Lo tomaremos desde aquí". Muchos padres sienten que deben confiar en el sistema, sin importar si lo que sucede en la escuela a diario les parece correcto o no. Y muchos padres no saben que podría haber una forma diferente a la que ellos mismos aprendieron en la escuela. Una forma que se adapta a la combinación de un niño y el mundo en el que vive. Una forma que hace más que intentar llenar la cabeza de un niño con hechos y su mente con habilidades discretas. Los hechos y las habilidades ya no son suficientes. Lo necesario ... simplemente no suficiente.

Este libro es para padres de niños pequeños que se educan en casa, ya sea en lugar de la escuela o además de la escuela. Y es para profesores de niños pequeños que quieran otra forma de pensar sobre la educación infantil y cómo pueden colaborar con los padres o que ya tienen otra forma de pensar, pero quieren más recursos. Es para cualquiera que tenga un papel en el desarrollo de un ser humano curioso, ingenioso y reflexivo. Mi esperanza es que tomes lo que te sea útil, lo hagas tuyo, lo extrapoles, lo imagines e inventes. Y tal vez redescubras tu propia curiosidad e imaginación en el proceso.

"La educación es encender una llama, no llenar un recipiente"
- Sócrates

1 ¿Qué es la Educación y Qué es el Aprendizaje?

Escolarización es lo que hemos llegado a entender como el objetivo de ir a la escuela. Con demasiada frecuencia, la educación significa aprender lo que me dicen que aprenda, memorizar y descubrir lo que quiere el maestro. Pero "educación", del latín "educare", para extraer, es otra cosa. El individuo educado ha aprendido a pensar, a resolver problemas, a inventar, a considerar alternativas, a persistir, a crear, a innovar y a articular su pensamiento. Por otra parte, la educación es la "guía" de mi potencial como un todo. Espero que al leer este libro no solo comprenda, sino que llegue a apreciar ese potencial en su hijo. Que a medida que su hijo encuentre su voz y articule sus teorías sobre cómo funciona el mundo y le muestre el pensamiento simbólico del que es capaz, usted aceptará la diferencia entre escolarización y educación. Este libro está aquí para que pueda acompañar a su hijo en el viaje de su infancia de una manera nueva.

En cuarenta años de enseñar a niños de cuatro a seis años, aprendí que el conocimiento que se adhiere y lo que hace que una persona sea un aprendiz de por vida es mucho más grande que la lista de hechos y habilidades que componen la mayoría de los planes de estudios escolares. Sí, saber cosas es importante. Pero para saber realmente algo, tiene que haber un marco dentro del cual residan esos hechos y habilidades. Ese marco se compone de disposiciones hacia el aprendizaje, hábitos mentales y el conocimiento que el niño mismo ha construido previamente.

Como Ocurre el Aprendizaje

Recibir información, escucharla, leerla o experimentarla, no es aprender. La información es necesaria para el aprendizaje, pero es solo una parte del proceso. Para poder aprender, tengo que *hacer* algo con lo que he escuchado/visto/experimentado. Tengo que *construir* conocimiento. Tengo que cambiar un poco mi comprensión y mi pensamiento para adaptarme a la nueva información. Por ejemplo, digamos que su niño sabe de perros ...cuatro patas, una cola, pelo. Esta es su experiencia y comprensión de un perro. Tiene una caja mental imaginaria para "perro". Entonces, un día, vas a dar un paseo en auto por el campo y pasas por un campo de vacas. Su hijo ve una vaca y dice: "¡Perro!" La vaca se ha ajustado a sus criterios de perro ... cuatro patas, una cola y pelaje. Dices: "No, cariño, eso es una vaca". Su hijo entonces tiene que alterar su imagen mental de "perro". Tiene que averiguar en qué se diferencia la vaca de un perro. Ahora, en su mente, hay dos categorías donde alguna vez hubo una; ahora tiene una "caja" mental para vacas y una caja para perros. Y tú has observado el aprendizaje. Puedes decirle que este animal es "vaca" y este animal es "perro", pero sólo le tú le estás dando nombres a lo que el alumno debe construir en su propia mente.

Disposiciones y Hábitos Mentales

Las disposiciones son posturas o deseos emocionales. Alguien que tenga una disposición positiva hacia el aprendizaje siempre estará ansioso por aprender y buscará experiencias que resulten en aprendizaje. Si te encanta aprender, es probable que tengas la disposición para:

- Sea consciente de su propia curiosidad y esté dispuesto a seguirla
- Colabora con otros
- Resolver problemas
- Busque desafíos
- Represente / articule sus ideas. Espera y confía en poder expresar sus ideas de muchas formas diferentes.
- Innovar e inventar
- Sea protagonista de su propio aprendizaje
- Disfruta aprendiendo

Los hábitos mentales son habilidades practicadas que nos permiten satisfacer nuestra disposición hacia el aprendizaje. Pueden incluir:

- Persistente. Inviertes cantidades cada vez mayores de tiempo y energía en lo que te interesa.
- Seguir una pregunta o un problema
- Participar en la investigación. Si quieres saber, exploras o experimentas para averiguarlo.
- Reflexionando. Usted reflexiona sobre su propio proceso, por ejemplo, "¿Por qué se derrumbó mi edificio de bloques?"
- Representar ideas con mayor detalle y precisión.
  - Utiliza una variedad de medios para explorar y expresar ideas.
  - Desarrolla y continúa perfeccionando una "barra de satisfacción" razonable.
  - Utiliza muchos medios y modalidades diferentes para aclarar su punto de vista y comunicarlo a los demás.
- Participar en una conversación sobre cómo funciona el mundo
  - Expresa sus propias hipótesis y teorías.
  - Escucha las ideas de los demás y considera múltiples perspectivas al trabajar hacia una meta compartida.
- Invitar a otros a colaborar. Participas en el intercambio informal de ideas verbalmente y a través de la representación simbólica.
- Participar en el pensamiento flexible. Por ejemplo, si el plan A no funciona, puede imaginarse el plan B.
- Desarrollar una "mente despierta"

Cuando un niño ha desarrollado estas disposiciones y hábitos mentales, el aprendizaje se convierte en un proceso más natural, para el cual no necesita que se le diga (o, peor aún, que se le obligue) que aprenda; más bien, encontrará placer en el proceso, que es la motivación para buscar aprender más.

Como Usar Este Libro

En este libro he tratado de compartir algo de lo que aprendí de los cientos de niños a los que enseñé y de la crianza de mi hijo, ahora adulto. A los niños se les sigue negando la educación que podrían tener, a favor de la escolarización, incluso en el preescolar. Mi propio hijo llegó del jardín de infancia a casa un día llorando. Después de que se calmó y pudo hablar, expresó su miedo: "¡Mami, el jardín de infantes me está quitando la imaginación!" Entonces me di cuenta de que tendría que estar seguro de que podría mantenerse en contacto con su imaginación en casa.

Todo niño tiene derecho a expresar su imaginación. La filosofía y las ideas de este libro no son solo para algunos niños, no solo para niños de medios económicos, ni siquiera para niños con un desarrollo típico. Debido a que usted, como adulto, está proporcionando materiales e invitaciones y luego avanza de acuerdo con la respuesta de su hijo a esos materiales e invitaciones, esto es para todos los niños pequeños.

Cada sección del libro describe materiales e ideas que le ayudarán a usted, como padre, a crear un entorno de aprendizaje para su hijo. Por "entorno," me refiero no solo a materiales y experiencias físicas, sino también a un entorno emocional, uno en el que su interacción con su hijo tiene un papel importante en el aprendizaje de su hijo con su imaginación intacta. Incrustadas en las ideas del libro hay oportunidades para fomentar disposiciones positivas hacia el aprendizaje y los hábitos mentales. Encontrará elementos para reflexionar, listas de materiales e invitaciones específicas. Puede que tenga la tentación de saltar a las invitaciones, pero le sugiero que primero lea lo que viene antes. Todo depende de tu perspectiva y, como decimos los que nos inspiramos en las escuelas de Reggio Emilia, tu imagen del niño.

La mayoría de los materiales de este libro se encuentran/reciclables, están disponibles en tiendas de segunda mano como Goodwill, o son materiales económicos de tiendas de manualidades. Encontrará recursos si desea comprar materiales abiertos (que se pueden utilizar de muchas maneras) más caros, pero muchos de ellos se pueden reproducir con suministros de tiendas de mejoras para el hogar o tiendas de manualidades.

Una de las alegrías que experimenté al enseñar a los niños pequeños fue la transformación que vi en los padres cuando aprendieron a ver a sus hijos bajo una nueva luz, una luz que proviene de unirse a sus hijos en la investigación, de escucharlos con el corazón y la mente. y de esperar que el pensamiento de sus hijos los sorprenda. Mi esperanza es que este libro ayude a los padres a establecer esa conexión con sus hijos y que usted vea a su hijo con otros ojos y pueda ayudarlo a alimentar su hambre de aprender, imaginar y crear en casa.

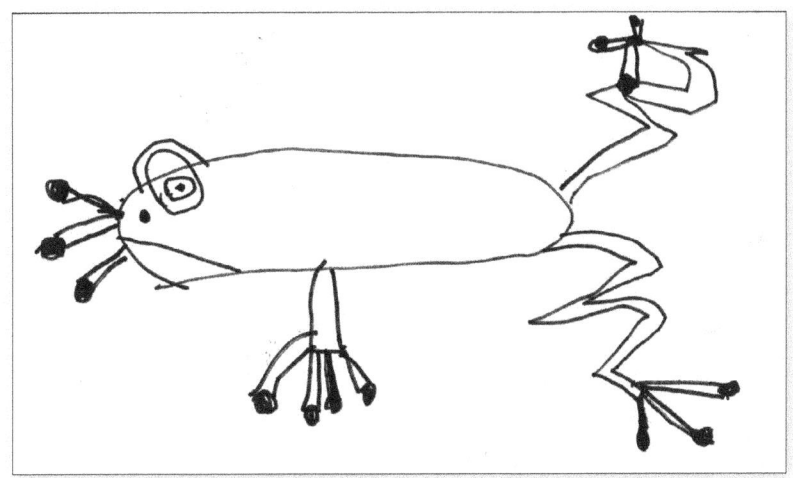

"Hágase a un lado por un momento y deje espacio para el aprendizaje, observe con atención lo que hacen los niños y luego, si ha entendido bien, tal vez la enseñanza sea diferente a la anterior".

- Loris Malaguzzi

2 Una Ventana al Mundo de su Hijo

La Filosofía de la Educación de Reggio Emilia

Reggio Emilia, una ciudad en la parte norte de Italia, es el hogar de un sistema de clase mundial de centros públicos para bebés y niños pequeños y preescolares (con un crecimiento hacia la educación pos primaria en los últimos años). El enfoque de Reggio Emilia es una filosofía basada en un conjunto de valores sobre los niños y el aprendizaje. Aquí hay una introducción rápida a los principios de la filosofía.

La imagen del niño. Todos los niños son vistos como inteligentes, competentes, ingeniosos y fuertes (a diferencia de los necesitados o como pizarras en blanco). Por tanto, el niño es respetado y escuchado.

El entorno. Todo lo que el niño encuentra en el contexto de aprendizaje - lugares, cosas e interacciones - encierra grandes posibilidades de aprendizaje. La idea es que los adultos deben planificar ese aprendizaje preparando intencionalmente el entorno para que sea provocativo, amable y hermoso. Se considera que el medio ambiente es "el tercer maestro".

Relación. Todos aprendemos mejor cuando estamos en relación con los demás. Para el niño, esto incluye la relación con sus compañeros y con los adultos. Además, el niño se ve impulsado a tener una relación con las ideas y con el mundo que lo rodea. Se fomenta la colaboración entre niños, adultos y niños, y entre el hogar y la escuela. Los padres juegan un papel importante en la educación de sus hijos en las escuelas de Reggio Emilia.

Investigación. El énfasis en el crecimiento intelectual (y no solo en la competencia académica) lleva a los maestros a valorar y apoyar la investigación de los niños sobre grandes ideas que les interesan y que los maestros creen que tienen valor para los niños. Asimismo, los docentes son considerados investigadores de los niños y de cómo aprenden, y del proceso de aprendizaje en general. Parte de esa investigación (tanto para niños como para adultos) es la documentación.

Documentación. Los maestros crean historias de aprendizaje con fotografías, artefactos, narrativas, palabras de los niños, interpretación y más, por el bien de la investigación de los niños y los maestros, y para promover el aprendizaje de todos.

Los 100 idiomas. Una de las mejores formas para que los niños aprendan es representando simbólicamente su pensamiento (lo que entienden y lo que están tratando de comprender), dibujando, pintando, esculpiendo, construyendo, haciendo música, moviéndose y actuando. Cuando un niño usa un medio para comunicarse, expresarse o descifrar cosas, está usando el medio (¡o los medios!) Como lenguaje. En mi experiencia, este es el terreno más rico para el aprendizaje de los niños pequeños.

Encontré la filosofía de Reggio Emilia en 1990 y, como resonaba con mi propia filosofía de la educación, comencé a estudiar el enfoque y a llevarlo a mi aula de jardín de infantes ese año. Enseñé en el jardín de infancia durante once años antes de eso, y recuerdo que me asombré de cuánto más aprendieron los niños en Pre-Kínder (Jardín de Infancia); que en el Kindergarten después de que dejé de intentar dictar exactamente lo que los niños aprenderían y cuando comencé a escucharlos, a intentarlo para comprender qué y cómo estaban pensando, y apoyar su aprendizaje desde allí. Recuerdo haber pensado que las imágenes de la representación infantil (dibujo, pintura, esculturas de arcilla) que vi de Reggio Emilia eran imposibles; ¡Ningún niño de cinco años podría haber hecho eso! Y luego comencé a apoyar la representación de los niños con muchos medios diferentes en mi propia clase. Es un hecho, ¡ellos pueden hacer "eso!"

Dibujo observacional de una bicicleta por un niño de cinco años.

Además de lograr un mayor progreso intelectual y académico, los niños del aula inspirada en Reggio desarrollaron recursos personales más allá de lo que yo había visto antes. Llegaron a saber qué alimentaba sus intelectos (individualmente) y llegaron a conocer y utilizar las pasiones de los demás como inspiración para la investigación. Se volvieron capaces de resolver problemas de forma colaborativa, pensar en un plan B cuando el plan A falló, tener un conflicto cognitivo sin conflicto emocional y abogar por ellos mismos y los demás.

Una vez, durante la temporada de tornados, nos dijeron de antemano que tendríamos un simulacro de tornado en un momento específico. En el momento señalado, todos nos reunimos en la entrada principal de nuestra casita para esperar el simulacro. De repente, la puerta principal se abrió, un guardia de seguridad metió una bocina en la entrada y, sin saber que ya estábamos en el lugar, soltó una explosión alarmante. Todos estábamos desconcertados y algunos niños lloraron. Durante horas los niños hablaron de ello: lo malo que era que alguien los asustara hasta que los hiciera llorar. Querían asegurarse de que nunca volviera a suceder. Reconociendo la necesidad de los niños de hacer algo con relación a su indignación, convoqué una reunión para que pudieran discutir y tomar un curso de acción. Pensé que tal vez querrían escribir una carta al guardia de seguridad, pero pensaron que era mejor encontrar al "jefe" de seguridad, exponer su caso en persona y solicitar que nunca vuelva a suceder. Cuatro niños - tres que habían llorado y uno que se unió al grupo en apoyo de sus amigos - se ofrecieron como voluntarios para ir. Encontramos al jefe de seguridad y los niños le expresaron sus pensamientos y sentimientos. Al principio, el trató de explicarles por qué sentía que era necesaria una explosión en el edificio, pero los niños no estaban de acuerdo. Insistieron en que negociara con ellos. Al final, lo hizo, y acordaron que la próxima vez que tuviera que haber un simulacro de tornado, un guardia de seguridad haría sonar la bocina de aire *afuera* de la puerta principal y ciertamente no adentro sin fijarse y mirar para ver dónde estaban los niños.

Parte de lo que les permitió a los niños abogar por sí mismos es que cada uno había encontrado y sabía cómo usar su voz. Desde el primer día en la escuela, los maestros habían escuchado cuando los niños hablaban. Esperaban que los niños se escucharan y respondieran unos a otros. Los niños se habían acostumbrado a articular sus pensamientos y emociones. Estaban acostumbrados a tomar decisiones (te sorprendería saber cuán pocos preescolares son en realidad), dentro de los límites que entendían y los acuerdos que hicieron colectivamente por el bien de todos en el grupo.

"Yo Sé Cómo es Que Llueve": Escuchando de una Nueva Manera

A menudo, cuando su hijo en edad preescolar hace una pregunta del tipo "cómo funciona el mundo", en realidad está diciendo: "Tengo una teoría. Pregúntame al respecto "o" Hablemos al respecto". Sin embargo, cuando los adultos escuchan preguntas sobre "cómo funciona el mundo", tienden a responder con una respuesta inmediata. Aunque ciertamente hay ocasiones en las que queremos responder a las preguntas de los niños, sería una pena perderse las conversaciones de construcción de relaciones e intelecto que suceden cuando, en lugar de "la" respuesta, le preguntamos a un niño en edad preescolar lo que piensa. Si usted hace esto, es posible que se sorprenda del poder del pensamiento de su hijo.

Si su hijo le hace una pregunta, tiene que tomar una decisión: ¿Es una pregunta que podría ser un terreno fértil para la conversación? ¿Es posible que su hijo realmente le esté pidiendo que hable con él sobre una teoría que está desarrollando? ¿O te está preguntando qué hay para cenar? Si es lo último, por supuesto, adelante, respóndele. "¿Cuándo es mi cumpleaños?" es una pregunta que requiere una respuesta. Pero, "¿A dónde va la luna durante el día?" o "¿Cómo se mete la abuela en el iPad cuando me habla por FaceTime?" es una invitación a escuchar. Puedes preguntar, "¿Qué piensas?" o "¿Cuál es tu teoría?" Y luego, cuando su hijo le diga lo que piensa, continúe haciendo preguntas para aclarar o desafiar o expandir su pensamiento. Al hacer esto, usted le está enviando el mensaje de que valora sus ideas (lo que alentará futuras reflexiones) y le ayudará a desarrollar habilidades de investigación y comunicación.

> *A continuación, se muestra un ejemplo de cómo podría llevarse a cabo una conversación sobre cómo funcionan las cosas. Este es un diálogo entre un pequeño grupo de niños y un maestro (T), pero un padre puede escuchar y responder a un niño de manera similar.*
>
> *Un niño exclamó: "¡Puedo oír el viento!"*
> *Escuchamos un poco y luego la maestra preguntó: "¿Qué es el viento?"*
> *Lydia: Cuando estás soplando, así (Lydia sopla).*
> *Julianna: Es un aire realmente fuerte.*
> *Lydia: Se lleva las hojas.*
> *María: Es como cometas, y cuando se lleva las hojas vuelven a subir a los árboles. T: ¿Vuelven a los árboles?*
> *Lydia: Uh-uh. En verano las hojas vuelven a crecer, porque en los árboles tienen pequeños brotes.*
> *T: ¿No crees que las hojas vuelven a los árboles?*
> *Lydia: No. Porque no son imanes.*
> *Lillie: Cuando es otoño, el viento es el que más sopla, así que cuando el viento sopla con tanta fuerza como puede, las hojas no son lo suficientemente fuertes para permanecer en el árbol, por lo que se van al suelo. Y cuando llega el invierno, se quedan en el suelo, pero cuando llega la primavera, se vuelven verdes, y el viento los sopla, y luego se pegan a los árboles.*
> *T: Entonces tenemos dos teorías diferentes, ¿no es así? ¿Por qué esa teoría tiene sentido para ti, Lillie?*
> *Lillie: Porque cuando llega el invierno, la nieve cae y desciende por completo y cubre las hojas, y luego la nieve se derrite. Las hojas ya no vuelven*

al suelo. Cuando quiere ver las hojas cuando llega el final del invierno, no puede verlas, porque ya están de regreso en el árbol.

T: Entonces Lillie dice que la razón por la que esa teoría tiene sentido para ella es porque las hojas se han ido. Ya no están en el suelo.

Eleanor: Uh-uh. Ellos no están. En el invierno, hay árboles de hoja perenne cuyas hojas se quedan.

T: Así que me pregunto cuando vayas hoy al aula al aire libre, ¿qué estarás viendo?

Lillie: ¡Viento!

T: ¿Puedes ver el viento?

Emmie: ¡Siente el viento!

Lillie: ¡Está claro!

Lauren: Da vueltas y vueltas.

Lillie: No. El viento parece nada. Está vacío.

Todos a la vez (esto es emoción): ¡Está claro! ¡El viento amaina!

Lillie: Cuando sopla por todo el cielo, no hay nubes reales que lo hagan volar. Hay una nube en el cielo … una nube de viento en el cielo. El viento sopla y luego no puedes verlo, porque el aire desciende de las nubes, y las nubes son como el aire y el aire es del mismo color que claro.

T: Pero espera un minuto. ¿No podemos ver las nubes?

Lillie: Sí …

T: Dijiste que el viento es del mismo color que las nubes.

Lydia: Por eso se mezclan entre sí.

T: Entonces, ¿puedes ver el viento o no, Lydia?

Lydia: Ambas están claras. No puedes ver las nubes. Solo en verano.

Lillie: Eso es lo que estaba diciendo.

Lydia: Ahora mismo hace tanto viento que ni siquiera puedes ver las nubes.

Mary: Puedo ver las nubes, pero no el cielo.

Julianna: Puedo ver las nubes, pero no puedo ver el cielo. Pero no puedo ver el viento.

Lillie: Apenas podía ver las nubes, porque las nubes son las que cubren todo el cielo.

Viendo el Mundo a Través de los Ojos de su Hijo

¿Alguna vez se ha arrodillado y ha mirado un espacio desde la perspectiva de su hijo? Pruébelo cuando nadie esté mirando, o mejor aún, consiga que alguien lo haga con usted. Ahora imagina que todo lo que ves es completamente nuevo para ti. Deje a un lado sus preocupaciones y comprensiones de adultos y trate de ponerse un lente de asombro. ¿Cómo ves esa telaraña? ¿Como algo que quitar para mantener limpia la cerca? ¿O como una obra de arte milagrosa? ¿Cómo ves el rocío sobre la hierba: como una molestia que dejará tus zapatos mojados, o como que el mundo se volvió brillante? Su hijo está en contacto con su imaginación de una manera que muchos adultos ya no lo están. Para él, hay hadas en el bosque y un árbol puede ser un amigo. La imaginación, la creatividad y la invención son parte de sus asuntos cotidianos. Pensar de esta manera es emocionante y renovador, y no es solo para niños. Puede unirse a su hijo en su mundo mágico. De hecho, si lo hace, fomentará su intelecto y lo ayudará a desarrollar sus recursos personales. Esta es una invitación al mundo de su hijo. Es una oportunidad de dejar la escuela en favor de la educación. Y redescubrir la magia por ti mismo.

Invitar a su hijo a tomar fotografías de lo que le interesa en un paseo por la naturaleza le dará una ventana a su forma de ver el mundo.

Invitando a Tu Hijo a Representar sus Ideas

¿Qué es la representación y por qué es importante? Cuando representamos una idea o experiencia, la estamos rehaciendo de alguna manera, ya sea física o mentalmente. Debemos representar una idea de alguna manera para realmente aprenderla (en lugar de simplemente repetir como loros lo que hemos escuchado, lo que no considero "aprender", a menos que sea aprender a darle al adulto con autoridad lo que quiere). un adulto podría escuchar una nueva idea y, si estoy motivado para hacer que esa idea forme parte de mi esquema intelectual (es decir, aprender), yo reharé la idea mentalmente o escribiéndola o hablando con alguien sobre ella. El mismo proceso se aplica si queremos resolver problemas; debemos representar el problema y las posibilidades de alguna manera, externa o internamente, para poder inventar una solución. Como adultos, cuando nos enfrentamos a un problema difícil, podemos hablar de ello, investigar un poco (leer), escribir pros y contras o tomar notas, etc. Estos no son idiomas que los niños pequeños dominen, todavía, sin embargo, son capaces de pensar en ideas grandes e importantes. Solo necesitan los lenguajes a través de los cuales, expresar, comunicar, inventar y resolver cosas. Los lenguajes accesibles a los niños pequeños son el lenguaje verbal, modos de expresión como dibujar, pintar o construir, por ejemplo, y lenguajes temporales como el movimiento, el juego de roles o la música.

Los niños necesitan tener acceso a materiales, tiempo para aprender cómo funcionan y la disposición para representar sus ideas. Cuando tenía cuatro años, mi hijo (que ahora, tiene veintitantos, es un artista activo) no eligió dibujar mucho. Tampoco estaba interesado en escribir su nombre, a pesar de que tenía todos los materiales encantadores y el aliento que podría necesitar para hacer ambas cosas, y a pesar del hecho de que muchos niños de cuatro años saben cómo escribir sus nombres. Era un niño de la naturaleza.

Le encantaban los animales y pasar tiempo al aire libre. Un día vio una gran polilla verde en un árbol bajo en el que estaba jugando. Entró corriendo y gritó: "¡Rápido, mami, tenemos que conseguir la cámara!" Quería capturar la imagen de esta hermosa polilla. Pero descubrimos que era necesario cargar la cámara (era en los viejos tiempos, antes de las cámaras de los teléfonos inteligentes). Su rostro decayó. "Podrías dibujarlo para recordarlo", sugerí, sin pensar realmente que aceptaría la sugerencia. Pero él estuvo de acuerdo y, dibujando en vivo, creó la semejanza más asombrosa de la polilla (para un niño de cuatro años que no dibuja) en el árbol. Ese día aprendí algunas cosas de Tristan. Para él, solo valía la pena dibujar o tocar el violín o escribir sobre si era importante y personal. Capturar la polilla Luna para la posteridad fue importante y personal. La disposición (e inspiración) para dibujar y escribir había sido su eslabón perdido.

Son momentos como estos los que nos enseñan la diferencia entre escolarización y educación. Su hijo tiene todo el equipo personal necesario para su desarrollo intelectual. Si los adultos observamos, escuchamos, aprendemos de nuestros hijos qué enciende su fuego, permitimos que nuestros hijos intenten aprender y ofrezcamos desafíos desde allí, estaremos haciendo mucho más por su crecimiento intelectual, personal y académico de lo que podríamos hacer con hojas de trabajo o tarjetas didácticas.

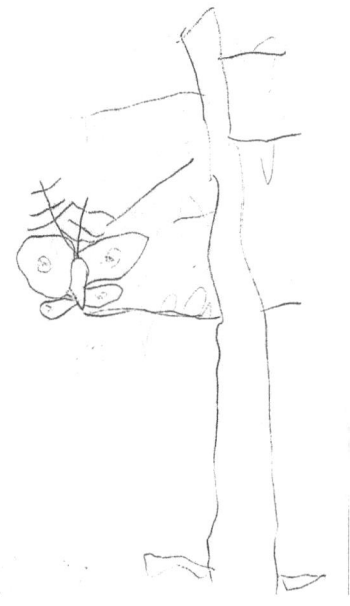

Polilla Luna de Tristan

"Los niños - por la forma en que los hemos encontrado - son los primeros grandes investigadores. Si somos capaces de escucharlos, los niños pueden devolvernos nuestro placer en el asombro, en el asombro, en la duda. Los niños pueden transmitir la alegría de la búsqueda y la investigación que pertenece no solo a los niños, sino a las mujeres, a los hombres, a la humanidad: esto pertenece a la vida".

- Carla Rinaldi

3 Comprendiendo El Mundo de su Hijo

Etapas de Representación

Los niños comienzan a representar la realidad de manera simbólica desde una edad temprana. Pueden dar de comer a una muñeca o fingir que arreglan un camión "averiado". Las redes sociales están llenas de videos de bebés que fingen dirigir una orquesta o bailar junto a un lago de los cisnes televisado. A todo esto, lo podríamos llamar representación a "nivel corporal". Los niños mayores también representan a nivel corporal cuando participan en juegos dramáticos, pretendiendo ser piratas que se persiguen por el patio o construyendo "historias" en su juego familiar de simulación ("Imagina que soy la mamá y tú el bebé y te enfermaste y tuve que llevarte al médico y…").

En algún momento después de su primer año, un niño comenzará a representar simbólicamente con objetos, fingiendo que un bloque es un teléfono celular, por ejemplo, o conduciendo su zanahoria alrededor de su silla diciendo: "Vroom vroom". Ella está haciendo que el bloque o la zanahoria representen o representen el objeto real. Este es su pensamiento volviéndose un poco más abstracto. Cuando sea un poco mayor, jugará a fingir con modelos (dinosaurios, animales, figuras de casas de muñecas y juegos de Playmobil, por ejemplo). Llamemos a esto jugar al "nivel del juguete". El juego de nivel de juguete es un tipo de representación simbólica. Con el tiempo, los niños comienzan a participar en representaciones simbólicas más sofisticadas dibujando, pintando, esculpiendo y construyendo.

Cada nivel sucesivo de representación es un paso más lejos del objeto real que se está representando. Es decir, un bloque sustituye a un teléfono celular, pero el dibujo de un teléfono celular es una representación más abstracta y, por lo tanto, madura del teléfono celular.

El tercer nivel de representación es el nivel de signos: escritura. Escribir "teléfono celular" es aún más abstracto - más alejado del teléfono celular real - que el dibujo de un teléfono celular.

Aunque estas etapas de representación ocurren en el desarrollo - es decir, un niño pequeño puede representar el teléfono celular con un bloque, pero no puede escribir la palabra "teléfono celular"- estos comportamientos no necesariamente desaparecen con la madurez. Más bien, el niño de 6 años puede ser capaz de escribir "teléfono celular" y la escritura puede ser el tipo de representación más satisfactorio para él en ese momento, pero a veces también puede dibujar un teléfono celular o fingir estar hablando por uno.

Niveles de Representación

Nivel corporal ▶ Nivel simbólico: Juguete ▶ Nivel simbólico: Gráfic ▶ Nivel de signo

Lo que los padres pueden hacer para apoyar el deseo de los niños de representar de maneras cada vez más abstractas es reconocer lo que satisface al niño en este momento y estar listos para brindar apoyo y materiales que serán más satisfactorios a medida que crezca. Entonces, digamos que un día observa a su niño pequeño hablando por su elefante de juguete. Él le está dando una ventana a su capacidad para representar y una pista sobre los tipos de materiales que puede proporcionar. Prepárate para él, con personas y modelos de animales, así como pequeños carros y tal vez algunos bloques o cajas para hacer casas o cuevas. Todo lo que necesita hacer es colocar los materiales donde él pueda acceder a ellos. Y disfruta viéndolo representar lo que sabe e imagina. Por supuesto, querrá tener en cuenta la edad de su hijo y el tamaño de los juguetes como posibles peligros de asfixia.

O digamos que le ha dado pegamento a su hijo de tres años y acceso a materiales reciclables. Ha estado pegando con abandono, aparentemente consumido por el proceso de todo. Entonces, un día, declara su intención de hacer una casa con los mismos materiales. Una vez más, él le ha dado una ventana a su desarrollo. Quiere usar esos materiales para representar algo específico. Ahora puede que necesite un apoyo que antes no necesitaba. Quizás necesite que cortes una puerta en el cartón o que le ayudes a encontrar plástico transparente para las ventanas. O tal vez su espacio de trabajo necesita cambiar, porque necesita dejar sus suministros de trabajo por más tiempo o necesita una base sólida sobre la cual construir. Y tal vez necesite consejos y técnicas o apoyo emocional que antes no necesitaba. Tu desea tener la flexibilidad material y emocional para caminar junto a su hijo a medida que crece. Esta es la educación.

El Desarrollo del Dibujo

Es posible que un niño pequeño no tenga la intención de representar ningún objeto en particular a través del dibujo. Pero debería tener la oportunidad de explorar muchos medios diferentes para dibujar, de modo que cuando esté listo para representar una idea u objeto, tenga todas las herramientas personales necesarias para hacerlo. Dele a su niño pequeños medios de dibujo no tóxicos que hagan marcas oscuras y satisfactorias. Probablemente revisará mucho papel. El niño dibuja con gestos: grandes movimientos de brazos, generalmente sin la intención de representar nada en particular. Él se deleita con las marcas que puede hacer, y su compromiso está principalmente en la relación entre sus movimientos y las marcas en el papel. Dibujará líneas, círculos y garabatos. Es probable que no cambie los colores intencionalmente, aunque podría experimentar para ver si todos los marcadores se comportan igual. Debería tener acceso a papel grande con una variedad de texturas y una variedad de herramientas: crayones, marcadores, lápices, tiza. Pasará por mucho papel.

A medida que el niño crece, tal vez a los 3 años, desarrolla el deseo de representar. Él puede garabatear y luego "nombrar" el garabato (Este es papá cortando el césped). Con el tiempo, tendrá la intención mientras garabatea y dice: "Estoy dibujando a papá cortando el césped". Puede entablar una conversación con el sobre su dibujo. Podría preguntar: "¿Qué está pasando ahora?" Él puede participar en el "mapeo", es decir, marcar un evento con un garabato o una forma en un espacio en el papel, sin dibujar realmente ninguna forma reconocible. Incluso cuando comienza a dibujar figuras, es posible que continúe colocándolas alrededor del papel de una manera más basada en eventos que en cualquier tipo de relación visual.

PART 3 – Understanding your Child's World

En los ejemplos, a continuación, Tristan, a la edad de 3 años y medio, muestra en una serie de dibujos hechos en un día que está en transición de garabatos a dibujos representativos.

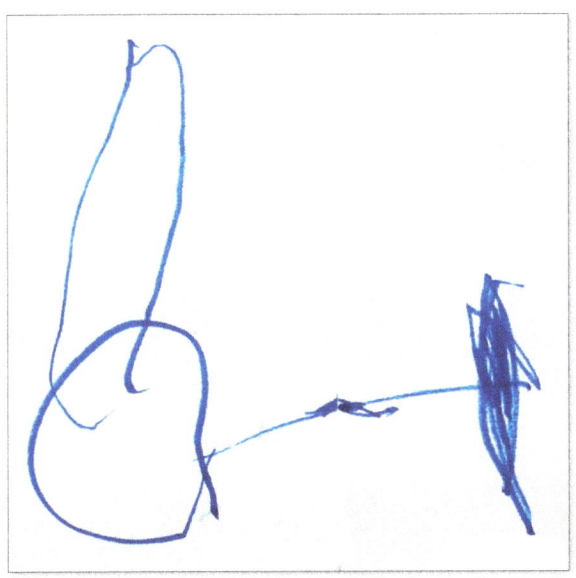

Ahí está el volcán (izquierda). Este es otro volcán, en erupción (mientras "entra en erupción" vigorosamente mientras dibujaba).

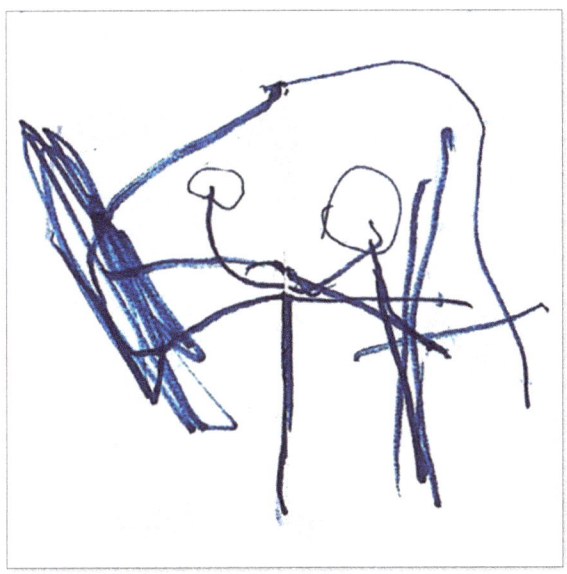

Una figura humana temprana: Esa es mi amiga McKenzie.

Tristan, de 3 años y medio, dio sentido a los movimientos de su dibujo, convirtiéndolo en una canción.

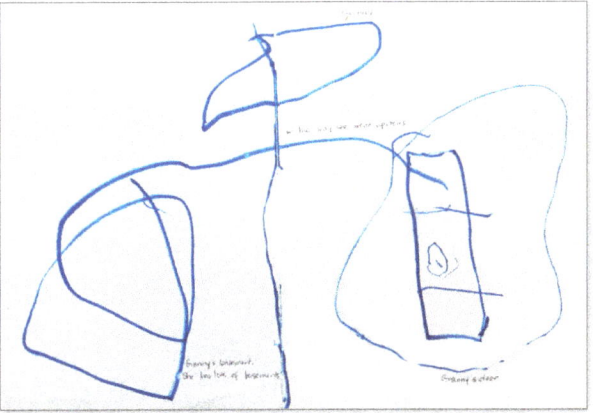

Un ejemplo de mapeo. Aquí Tristan trazó una historia de los movimientos de su abuela: Arriba: Abuela. Abajo a la izquierda: sótano de la abuela. Tiene muchos sótanos. Arriba: la forma en que subió las escaleras. Abajo a la derecha: puerta de la abuela.

Con el tiempo, su hijo declarará su intención de dibujar algo antes de hacerlo. Pondrá figuras en relación visual entre sí en sus dibujos y comenzará a considerar la perspectiva. Él "apoyará" sus figuras, colocándolas en una línea de base que ha dibujado o en la parte inferior de la página. Hará que papá sea más alto que él. Pondrá el sol en el cielo y el árbol en la tierra. Dependiendo de cuánta experiencia haya tenido un niño con los materiales para dibujar, esto podría ocurrir entre los 4 y los 5 años y medio.

Un ejemplo de conexión a tierra en el dibujo de un niño de 5 años, con perspectiva

Puede notar que su hijo en edad preescolar / primaria parece dibujar los mismos objetos una y otra vez. Puede estar participando en lo que yo llamo dibujo de "fórmula". Habiendo desarrollado un repertorio de cosas que sabe dibujar, eso es lo que dibuja. Eso es todo lo que dibuja. A medida que desarrolle una mayor fluidez, comenzará a agregar nuevos elementos a sus dibujos de fórmulas (es decir, su árbol habitual, casa y pájaros, pero también una cebra novedosa). Con el tiempo, tendrá la facilidad y la confianza para dibujar lo que esté pensando y utilizar el dibujo como lenguaje.

Si está observando el crecimiento de su hijo en el dibujo, notará que, una vez que esté usando el dibujo como lenguaje (para comunicarse, expresarse y resolver cosas), dibujará para diferentes propósitos.

- Puede dibujar para explicar lo que está pensando.
- Puede dibujar su imaginación.
- Puede dibujar para practicar figuras particulares.

- Puede dibujar para representar algo que realmente le sucedió.
- Puede dibujar para descubrir cómo funciona algo.
- Puede dibujar para contar una historia.

Esta no es una lista comprensible. ¿De qué otras formas usan su hijo el dibujo para aprender? Estar en sintonía con los propósitos que su hijo encuentra para dibujar hará que el proceso sea más divertido para usted y lo ayudará a fomentar el crecimiento de su hijo, no solo en el dibujo, sino en las formas en que el dibujo apoya el pensamiento, la regulación emocional e incluso el aprendizaje de la lectura y escribir.

Herramientas para dibujar

Su hijo podría utilizar una herramienta que le ayude mejor a dibujar lo que está pensando. Es decir, el niño que quiera dibujar con detalle tendrá dificultades para hacerlo con marcadores gruesos. El niño que quiera colorear un área grande tendrá dificultades con un lápiz de línea fina. También quieres pensar en el desarrollo. El niño pequeño puede dibujar con gestos, en lugar de con la intención de dibujar algo en particular. ¿Qué sería más satisfactorio para él? ¿Quizás marcadores gruesos lavables? Regrese al estado de ver el mundo a través de los ojos de su hijo y ofrezca lo que crea que le ayudaría a darse cuenta de su intención.

Ciencia y Pensamiento Mágico

Los niños pequeños se involucran en pensamientos mágicos. A menudo, ese pensamiento mágico incluye poderes externos como Dios o Santa Claus o superhéroes como agentes de lo desconocido. Por ejemplo, en una conversación en el jardín de infancia, los niños abordaron la pregunta: "¿Cómo aparece el sol durante el día y desaparece durante la noche?" Algunos niños pensaron que Dios levantaba el sol durante el día.

"Creo que Dios lo levanta porque es muy poderoso. Sí, porque puede levantarlo, porque puede sostener el mundo entero".

No podemos ver a Dios hacer esto, dijeron, "Porque Él está fuera del mundo".

"Y el sol está fuera del mundo".

"Dios pone un relleno invisible en Sus manos para que la gente no pueda ver sus manos levantando el sol".

"¿Cómo pudo llegar el sol a Richmond a tiempo cuando es de mañana?"

"Va muy, muy rápido al otro lado de la tierra. Y luego sigue intercambiando lugares con la luna".

Disfrute del pensamiento mágico de su hijo. Con el tiempo, las teorías mágicas ya no tendrán sentido para él y comenzará a sentirse insatisfecho con ellas. La lógica y la experiencia comenzarán a influir en su pensamiento. Notará este cambio hacia un pensamiento más científico si está escuchando y si su hijo se siente cómodo planteando sus teorías desde una edad temprana. Ese nivel de comodidad viene con sus invitaciones a su hijo para que le diga lo que piensa y con su resistencia al impulso de decirle a su hijo lo que sabe sobre lo que se está preguntando. Escuche, haga preguntas aclaratorias, desafíe su pensamiento. En general, si su hijo sigue participando en la conversación, sabrá que no se ha hecho cargo del proceso de pensamiento. Si lo que dice pone fin a la conversación, sabrá que ha dicho demasiado.

Alrededor de los siete años, los niños parecen estar más interesados en los "hechos". Es posible que el pensamiento mágico ya no les resulte satisfactorio y empiecen a querer "respuestas reales". La investigación de los niños adquiere entonces otra cualidad. Si su hijo se ha involucrado en la construcción activa de la teoría desde una edad temprana, sabrá cómo continuar su investigación en su estado más orientado a los hechos.

Documentar el aprendizaje de su hijo

Cada niño de mi clase tenía un portafolio personal que contaba la historia de su aprendizaje durante ese año. En ella estaban:

- Fotografías de sus dibujos y otras representaciones
- Sus perspicaces pensamientos entre comillas que queríamos recordar
- Fotografías de ella trabajando en proyectos colaborativos.
- Videos de obras de teatro que escribieron los niños y en las que ella participó.

También puedes hacer esto en casa. Además de los tipos de páginas que incluimos en la escuela, puede agregar:

- Documentación de hitos: el primer dibujo que su hijo nombra; su primer sueño en una cama de niño grande; su primer escrito, etc.
- Videos de momentos importantes. Puede hacer esto al:
    - subir un video desde un teléfono inteligente a YouTube, Vimeo u otro servicio de video
    - cargando la URL del video que el servicio de video le brinda a un creador de código QR e imprimiendo el código QR para el portafolio
    - escaneando el código QR con una aplicación de teléfono celular para ver el video
- Cualquier otra cosa que represente la historia de aprendizaje de su hijo.

La carpeta/folder/cuaderno en sí puede ser una simple carpeta/folder/cuaderno de tres anillos. Pudimos mantener muestras de piezas grandes o tridimensionales al fotografiarlas, imprimir las fotos, fecharlas e insertarlas cronológicamente en el cuaderno. Esto también funciona para artículos que no pueden incluirse en la cartera por ningún motivo. Los maestros utilizaron estos portafolios con fines de evaluación auténticos y para mostrarles a los padres lo que estábamos aprendiendo sobre sus hijos. Los niños usaron los portafolios para un propósito muy diferente. A menudo los sacaban y se sentaban con ellos, estudiando detenidamente las páginas, como una forma de revisarse a sí mismos en un estado anterior. A menudo hacían esto en parejas, comentando: "¡Recuerdo cuando solía dibujar así!" o recordar un momento compartido favorito. Cuando teníamos visitantes, salían los portafolios y los niños invitaban a los visitantes a sentarse y mirar sus portafolios con ellos. Los niños reconocieron y apreciaron sus portafolios como la historia de ellos mismos. Los padres me dicen que, décadas después, todavía tienen el portafolio de jardín de infantes de su hijo y lo revisan con cariño.

Los beneficios de tener un portafolio en casa, especialmente si su hijo no tiene uno en la escuela, son muchos. Permite:

- Brindarle a su hijo la oportunidad de que el niño revise su propio pensamiento, proceso y crecimiento.
- La creación de una historia de aprendizaje, que puede ayudar a su hijo a desarrollar un sentido de sí mismo como estudiante.
- Fomento de la reflexión. Si los mejores esfuerzos de su hijo se incluyen en su carpeta de trabajos y tiene voz para elegir, es posible que comience a pensar en su trabajo de una manera más reflexiva.
- Una oportunidad para que veas el crecimiento de tu hijo de forma concreta
- Un recuerdo de un tiempo que es fugaz y precioso, cada vez más a medida que su hijo crece

Dos niños miran sus portafolios uno al lado del otro

Si decide crear un portafolio para su hijo, puede crear uno para cada año. En su cumpleaños, puede revisar el portafolio del año anterior y regalarle uno nuevo como parte de la celebración del cumpleaños de su hijo. O puede crear un portafolio para preescolar y otro para los grados primarios. De cualquier manera, la historia de aprendizaje de su hijo debe ser honrada y celebrada.

"Nuestra tarea es ayudar a los niños a comunicarse con el mundo utilizando todo su potencial, fortalezas e idiomas, y superar cualquier obstáculo que presente nuestra cultura".

- Loris Malaguzzi

4 Expandiendo el Mundo de su Hijo

Invitaciones para Involucrarse en la Participación

Los educadores de Reggio Emilia llaman "provocaciones" a ciertas invitaciones a la participación. Pueden ser preguntas o eventos que ocurren naturalmente (un arco iris misterioso proyectado en la pared de una sala de juegos, por ejemplo), o pueden ser materiales nuevos e intrigantes colocados en el entorno. Puede ofrecer materiales como provocaciones que crea que su hijo podría disfrutar simplemente colocándolos donde los encuentre. Luego observe y vea lo que hace con ellos. Por ejemplo, cuando su hijo se despierta de su siesta, encuentra flores del jardín, una lupa y materiales de dibujo en la mesa de la sala de juegos. O tiras de papel y cinta adhesiva. O discos compactos viejos y bolígrafos de colores. Tu interacción con él comienza con lo que hace con la provocación, observe y siga el ejemplo de su hijo desde allí. Puede invitar a su hijo a articular su plan, tal vez, o narrar su proceso mientras explora. Escucha. Pregúntese: "¿Cuál es la perspectiva de mi hijo?" y "¿Qué se está aprendiendo aquí?"… invitándolo a articular su plan, quizás, o narrar su proceso a medida que avanza. Puedes invitarlo a profundizar en su proceso cuando crea que ha terminado ("¿Qué más ves en esa flor?", Por ejemplo, o "¿Qué más puedes hacer con _____?"). Puede invitarlo a registrar los resultados de su investigación si es apropiado ("¿Te gustaría que escribiera tus palabras al respecto en tu diario?").

Las provocaciones son un punto de partida y no siempre tienes que ser tú quien las proporcione. Pueden simplemente aparecer, como el arcoíris, o su hijo puede descubrirlos por su cuenta. Con el tiempo, es posible que tenga que proporcionarlos cada vez menos a medida que su hijo desarrolla una mente despierta que espera seguir la curiosidad y busca provocaciones por sí mismo. Cualquiera que sea la fuente de una provocación, debes tener cuidado de no imponer una agenda en particular cuando ofreces una provocación. Esto no es una "enseñanza furtiva". El intercambio entre adulto y niño en torno a una provocación comienza con el niño. El trabajo del adulto es tratar de averiguar la intención del niño - ¿qué está tratando de averiguar? -

para que usted pueda apoyarla en ese esfuerzo. Como maestra, a menudo me sorprendía lo mucho más complejo, creativo o simbólico que era el pensamiento de los niños cuando no trataba de asumir lo que ellos sacarían de una provocación en particular.

En la escuela, no ofrecíamos una nueva provocación todos los días. Más bien, tratamos de ofrecer provocaciones que pensamos que los niños encontrarían interesantes y las dejamos de lado hasta que los niños ya no se involucraran con ellas.

Los materiales naturales y una lupa se combinan para provocar una nueva forma de ver lo familiar.

La Diferencia entre Provocaciones y Actividades

Defino una actividad como algo que ha proporcionado un adulto que conlleva una expectativa específica de cómo se ejecutará. Por ejemplo, un conjunto de materiales que requiera que el niño haga coincidir objetos similares sería una actividad. Un juego con reglas sería una actividad. Una hoja de trabajo puede ser una actividad. Una actividad suele tener un final cerrado y, por lo general, tiene un atractivo limitado para la participación de un niño. Muchos juguetes para niños son actividades, por lo que es posible que observe un compromiso más prolongado y profundo con la caja que con el juguete. No hay nada intrínsecamente malo en las actividades. Los rompecabezas tienen final cerrado (hay una solución para el rompecabezas) y pueden ser tanto divertidos como educativos. Lo mismo ocurre con los juegos con reglas y muchos juguetes educativos. Pero no es necesario que se entere de eso. Son omnipresentes en todas las jugueterías y, probablemente, poblaron tu propia infancia.

Las provocaciones, por otro lado, son invitaciones a explorar. Pueden ser preguntas o materiales que hagan que la mente diga: "¡¿Qué ?? !!" o que atraen la mente hacia ellos. Una provocación puede ser algo sorprendente o simplemente algo que despierte la curiosidad. Una provocación que "funciona" es aquella que involucra al niño durante un período prolongado de tiempo y / o puede llevarlo en muchas direcciones diferentes. No todas las provocaciones que ofrezcas tendrán éxito. Esto se debe a que si una provocación le habla a un niño depende tanto de lo que le interese en ese momento como de lo que esté dispuesto a emprender. Independientemente de que algo que le ofrezca a un niño "acepte" o no, observar la respuesta de su hijo a una provocación lo deja más sabio sobre su hijo en este momento y puede llevarlo a lo que podría ser más interesante para él.

Los Cien Lenguajes de los Niños

Los educadores de Reggio Emilia describen los medios de expresión disponibles para los niños como "100 idiomas". Por supuesto, nadie ha contado los idiomas de aprendizaje de los niños pequeños. "Cien" es una metáfora de la plétora de posibilidades de expresión de las que son capaces los niños. He visto a niños hacer cosas impresionantes con sujetapapeles, por ejemplo, y no creo que estén en la lista de idiomas de nadie. Cuando cambia su pensamiento de los juguetes educativos a los materiales para la exploración y la representación, expande las posibilidades de aprendizaje más allá de lo que los adultos, con nuestra imaginación relativamente inactiva, pueden "asignar".

Por qué importan los materiales

Ningún niño de cinco años, por locuaz que sea, puede hacer justicia a sus ideas más importantes verbalmente. Los niños son capaces de pensar profundamente. Si tiene la oportunidad, su hijo pequeño abordará cuestiones de filosofía, teología, sistemas, relaciones matemáticas, ciencia y más. Es probable que todavía no tenga el lenguaje verbal para representar esas ideas por completo (y, por lo tanto, para pensar más en ellas). Pero puede representar grandes ideas a través de lenguajes visuales y temporales, es decir, dibujar, pintar, esculpir, construir, actuar, etc. Su representación visual apoya su lenguaje verbal y su lenguaje verbal apoya su lenguaje gráfico. Esa reciprocidad apoya el crecimiento general de su hijo de grandes maneras.

Los niños más pequeños deben aprender qué harán los materiales y qué les permitirán hacer, y deben aprender las habilidades involucradas en la manipulación de materiales. Si lo hace, para cuando un niño desee representar, la facilidad con los medios está ahí. Entonces, ¿qué necesita para que su hijo pueda explorar materiales y luego usarlos para representar sus ideas más importantes? Las sugerencias de las siguientes secciones deben considerarse posibilidades. No querrá ofrecer todo de una vez, pero ofrezca un conjunto de materiales, observe lo que hace su hijo con ellos y, cuando crea que le vendría bien un nuevo desafío, ofrezca otro. También puedes ofrecer una combinación diferente de materiales como nuevo desafío. Los materiales de buena calidad son más satisfactorios de usar que los materiales de calidad más baratos. Por ejemplo, puede ser mucho menos satisfactorio dibujar con marcadores en papel de periódico que en papel blanco liso. Aquí es donde su imaginación baila con la imaginación del niño.

Podría pensar que necesita configurar un salón de clases de educación en casa para su hijo en edad preescolar o primaria. Ciertamente, ayuda tener una mesa y sillas para que las use. Querrá un área que pueda despejarse para grandes proyectos. Aún mejor si los proyectos se pueden dejar fuera para continuar trabajando y jugando durante unos días. Más allá de eso, lo que se necesita son materiales, *tiempo y un adulto que escuche.*

Exploración

Independientemente de los materiales, los niños necesitan tener muchas experiencias con un medio antes de que sea probable que representen con él. Cuando presentamos la arcilla en el jardín de infantes, por ejemplo, establecimos la expectativa de que los niños exploren primero. A menudo era un medio nuevo para los niños, y ellos golpeaban, pellizcaban, golpeaban, rompían y se unían con alegría, a veces durante muchas sesiones, antes de que declararan su intención de "hacer" algo. Esa experiencia exploratoria con los medios es importante para que su hijo aprenda lo que un médium hará y lo dejará hacer. Deja que las cosas lleguen a su debido tiempo.

Dibujando todos los días

Creo que los niños deberían dibujar todos los días. ¿Por qué dibujar?

El dibujo es, en mi opinión, uno de los lenguajes simbólicos más importantes que debe desarrollar su hijo. Las razones son muchas.

- Los materiales para dibujar casi siempre están disponibles (a diferencia de la arcilla para esculpir, por ejemplo).
- Dibujar nos ayuda a ver lo familiar de una manera nueva. De hecho, se dice que nunca se ve realmente algo hasta que se ha intentado dibujarlo.
- El dibujo es un "ensayo" para escribir; prepara la mente para aprender a escribir, incluida la práctica de la importantísima tarea de acceder a las ideas y plasmarlas en papel.
- Dibujar puede ayudar a un niño a comunicarse cuando las palabras no son suficientes.
- El dibujo puede ser sumamente satisfactorio, ambos como expresión y como comunicación.

Es un gran esfuerzo sugerir cuándo está ocupado en la cocina, mientras trabaja desde casa o durante el "tiempo de tranquilidad" antes de acostarse. El papel y las herramientas para dibujar deben guardarse donde el niño pueda acceder a ellos fácilmente, si es posible.

Respondiendo al Trabajo de su Hijo: "¿Qué está pasando aquí?"

Cuando su hijo le muestra un dibujo, una pintura o algo que ha hecho, su respuesta puede marcar una gran diferencia en cómo se siente sobre sí misma y su trabajo. Si su niño todavía no habla, puede responder a lo que le está mostrando que es importante para él. Mientras dibuja o pinta, puede comentar sobre su proceso. "¡Oh, ahora estás haciendo GRANDES círculos!" o "¡Estás cubriendo todo el periódico!" Pero si es mayor y tiene la intención de representar en su dibujo, intente preguntar: "¿Qué está pasando aquí?" Esto provoca una conversación. Si su hijo le dice "Somos Fido y yo. Estamos dando un paseo", puedes animarla a hablar más preguntándole:" ¡Oh! ¿A dónde vas?" Cuanto más habla de su dibujo, más se involucra con él e incluso podría decir: "¡Oh! ¡Olvidé dibujar el parque! " y volver a su dibujo. De esta manera, el dibujo es compatible con el lenguaje y el lenguaje es compatible con el dibujo.

Quizás su hijo todavía no tenga "algo sucediendo" en sus dibujos. Luego, puede responder a su pregunta con su idea de lo que está sucediendo en la imagen, como "todos los colores" o "Una gran pelota". Con solo hacer la pregunta y entablar conversación con él, le estás invitando a crecer en su representación.

Tomando el Dictado de una Historia

Una vez que su hijo le diga "lo que está sucediendo" en sus dibujos, puede preguntarle si le gustaría que escribiera sus palabras sobre su imagen, ya sea al lado de la imagen o en una tarjeta que vaya con la imagen (déjelo elegir). Diga las palabras mientras imprime lo que su hijo dicta sobre su dibujo. Trate de no reformular sus palabras, pero escriba lo que dice como lo dice. Luego, si guarda sus historias, tendrá documentación de su crecimiento a medida que madure su lenguaje, algo que podrá disfrutar años después. Si le preocupa su sintaxis o si su historia no tiene sentido, intente leerle sus palabras. Puede decir: "¡Oye! ¡Eso no tiene sentido! " y opta por revisar su historia. Si no nota nada, no se preocupe. Mientras continúe escribiendo sus historias para él, vendrá otra oportunidad. Si nota que su historia no tiene sentido y quiere cambiarla, ¡qué gran manera de aprender sobre la revisión en el proceso de escritura! Escribir las historias de su hijo para él le permite ver que sus palabras, cuando están escritas, pueden volverse permanentes (donde de otra manera serían temporales, desapareciendo en el aire cuando las dice) - una forma de mantener sus palabras. Este es un concepto de alfabetización importante. Con el tiempo, las historias de su hijo pueden volverse más largas, más estructuradas y / o más cohesivas.

Solución de Problemas

Una vez que su hijo, tal vez a los 4 años, tenga el deseo de dibujar figuras y comprenda que otros pueden dibujar lo que están pensando, es posible que vea surgir cierta frustración. Puede que le pida que le dibuje, declara la intención de dibujar algo, pero llámalo de otra forma cuando no se parece a su imagen mental, arrugar su dibujo con frustración, o simplemente ríndete. Puedes ayudar aquí. Dile: "No te lo dibujaré, pero te ayudaré a hacerlo". Entonces háblale.

Supongamos que su hijo quiere dibujar un perro. Pregunte: "¿Qué tiene un perro?" Si ella dice, "Una cola", y sabes que es un lugar difícil por dónde empezar, di: "¿Y qué más?" Una cabeza o un cuerpo es un buen lugar para comenzar, así que cuando te ofrezca uno de esos, di "¿Qué forma tiene?" o "¿Cómo se ve?" Si no sabe cómo dibujar la forma que identifica, puedes ayudarla a practicar la forma, incluso tomándola de la mano si es necesario. Trate de recordar que su objetivo es permitir que su hijo se dé cuenta de su intención por sí mismo tanto como sea posible. Su satisfacción supera la tuya. Si él está satisfecho con un círculo que ha dibujado, pero tú no, déjalo estar, no importa lo difícil que sea. ¡Este es su perro! Si no está satisfecho, puede prestarle su paciencia y confianza en que podrá hacerlo mientras lo intenta de nuevo. Si no sabe lo que tiene un perro, por otro lado, es posible que no tenga una imagen mental lo suficientemente completa de "perro" para dibujar uno. Esto puede suceder incluso si está muy familiarizado con los perros. En este caso, querrá mirar juntos una foto de un perro y hablar sobre las partes y formas que ven.

¿Qué pasa si su hermano mayor le dice a su hijo pequeño: "¡ESO no parece un perro!"? En lugar de castigar al hermano, podrías intentar invitar al pequeño a pedirle a su hermano que la ayude a hacer que su perro se parezca más a un perro. Eso coloca al hermano mayor en un estado de poder diferente, más útil, y le da al hermano pequeño su atención útil, una victoria para ambos. Si el hermano se queja, "¡Me está copiando!" trate de ayudarlo a ver que su hermanito admira su competencia y quiere aprender de él. En mis clases de kindergarten, solíamos invitar a los niños a que se comunicaran con otros niños cuando pensaban que habían terminado con un dibujo, pintura o escultura y preguntaban: "¿Qué más necesita mi _____?" Eso creó una cultura en la que los niños buscaban apoyo de otros niños, reconocían la experiencia de los demás y estaban dispuestos a aprender unos de otros.

Oportunidades para Dibujar

Por su cuenta, con los materiales y el tiempo, su hijo dibujará para practicar formas (aprender a dibujar personas, por ejemplo), expresar imaginación, contar historias, explorar el diseño, comunicar un mensaje, etc. Pero puede ofrecer invitaciones para dibujar en las que quizás su hijo mayor no piense por sí solo.

- Dibujo de Contorno (o pintura). Al realizar el dibujo de contornos, el cajón sigue el borde de un objeto, como una hoja, con un dedo y, sin levantar el bolígrafo, intenta seguir el movimiento de la mano no dominante con el bolígrafo o el pincel.

- Llevar un diario. Los niños en edad preescolar y en edad escolar primaria a menudo disfrutan de tener un diario propio … un libro de sus pensamientos, experiencias e ideas. Para que los niños aprecien el poder de un diario, los adultos a menudo tienen que facilitar su uso, ya que a menudo el primer impulso de los niños es hacer garabatos en cada página rápidamente para llenar el espacio. El diario puede ser útil como una herramienta que usted saca a la luz cuando su hijo quiere registrar una experiencia para la posteridad a través del dibujo y luego guardarla en un lugar seguro para la próxima oportunidad.

- Puede hacer un libro en blanco simple engrapando las páginas, pero hay otras formas ingeniosas de hacer libros en blanco en los que su hijo pueda dibujar y escribir.

Aquí hay instrucciones para hacer un libro pequeño de 8 páginas que se pliega y corta.

- Dobla una hoja de papel tamaño carta por la mitad.
- Dóblalo de nuevo al revés.
- Dobla de nuevo.
- Ábrelo por la mitad.
- Sostenga el papel de modo que el lado largo quede hacia usted. Verá las líneas de plegado en una cruz. Corta ambas capas en la línea de pliegue en el medio y solo hasta la línea de pliegue que se cruza.
- Ábrelo por completo y dóblalo en sentido contrario al que lo tenías cuando cortaste. Debe verse como un "perro caliente" (en contraposición a una "hamburguesa").
- Empuje los dos extremos uno hacia el otro. Eso hará que el medio sobresalga. Sigue presionando hasta que los dos cuartos del exterior se toquen.
- Dóblalo todo por la mitad y tendrás tu libro.

Aquí hay un enlace de video de YouTube que podría ser más fácil de seguir que las instrucciones escritas *https://www.youtube.com/watch?v=21qi9ZcQVto*

Si eso fue divertido, aquí hay un vínculo a más formas de hacer libros, algunos lo suficientemente fáciles de hacer para los niños pequeños, otros más complicados: https://www.wikihow.com/Make-a-Booklet-from-Paper

Haga clic en el enlace (lectores de libros electrónicos) o escanee el código QR para ver el video: cómo hacer un minilibro de 8 páginas

Escanee el código QR para: 3 formas de hacer un folleto en papel

Una niña de cuatro años usa un "bolígrafo pensante" para dibujar su autorretrato

- Dibujar retratos. Puede invitar a su hijo a dibujar un autorretrato solo de su rostro. Proporcione un espejo, papel y bolígrafo para pensar (marcador negro fino con punta de fieltro). Anime a su hijo a dibujar realmente lo que ve. Esto es muy bueno cuando algo cambia: su hijo pierde un diente, se corta el cabello, se trenza el cabello por primera vez, etc.

- Dibujar unos a otros. Dos niños se dibujan unos a otros mientras se sientan en lados opuestos de una mesa y tratan de dibujar lo que ven. O dibuja el retrato de su hijo mientras él dibuja el suyo.

- Movimiento de dibujo. ¿Cómo se ve alguien cuando está bailando? ¿Corriendo? ¿Dormido? Un espejo de cuerpo entero podría ayudar aquí. O tome fotografías de su hijo en acción y deje que use las imágenes como referentes mientras dibuja.

- Dibujar emoción. ¿Cómo se ve una cara cuando la persona está triste? ¿Preocupado? ¿Sorprendido? Proporcione un espejo para este y anime a su hijo a dibujar más detalles que solo la posición de la boca.

- Perspectiva de dibujo. ¿Cómo se ve el perro de espaldas? ¿El lado? ¿Qué aspecto tendría el perro para una hormiga? ¿para un gigante? Usa tu imaginación para pensar en más desafíos.

Combinar medios

Una vez que los niños dominan los medios, combinarlos agrega complejidad y un nuevo interés. Un ejemplo sería dibujar contornos con tinta permanente, y añadir color con lápices o acuarela; o dibujar con tiza en la acera en el camino de entrada o en pizarras y luego pintar sobre el dibujo con agua.

Pintar el Mundo

Hay algo inmensamente satisfactorio en la pintura y abundan las variaciones. La combinación de un tipo de pintura con diferentes superficies y un tipo de superficie con diferentes pinturas produce experiencias completamente diferentes. Aquí algunas ideas:

- Pintura de témpera (a base de agua) sobre papel de emvolver (ideal para bebés y niños pequeños)
- Pintura de témpera sobre cartón ondulado

Pintura tempera sobre panel de plexiglás. El panel reemplazó las secciones de la cerca, dando a los niños una forma de mirar hacia el otro lado. La luz que atravesaba el panel dio a las pinturas una luminiscencia que deleitó a todos los que las vieron. A menudo, guardábamos los murales durante unos días, pero si los niños querían hacer un nuevo mural antes de que la naturaleza borrara el panel, usábamos agua y una escobilla de goma para prepararnos para una nueva oportunidad.

- Pintura acrílica (más o menos permanente) o témpera (lavable) sobre plexiglás
- Pintura digital sobre plexiglás
- Agua en una valla de madera.
- Agua sobre pizarra
- Acuarela líquida sobre papel (vívida si no la diluyes)
- Acuarela líquida sobre conchas o arcilla seca (lijada, ya que la superficie es porosa)
- Pintura acrílica sobre papel de aluminio
- Pintura acrílica sobre rocas limpias
- Pintura de témpera en una caja grande
- Haga sus propios pinceles naturales uniendo diferentes plantas / flores con textura a un palo con una goma elástica. Ideal para pintar sobre superficies grandes.
- Pinte un mural en papel pegado con cinta adhesiva en el piso o en la pared.
- Pinte una imagen completa solo con un contorno negro y vuelva a agregar color después de que se seque la pintura negra.
- Mezcle 6 tonos de un color con su hijo, dejándolo elegir el grado de cambio a realizar con cada iteración. Luego puede pintar con todos los tonos que ha creado.

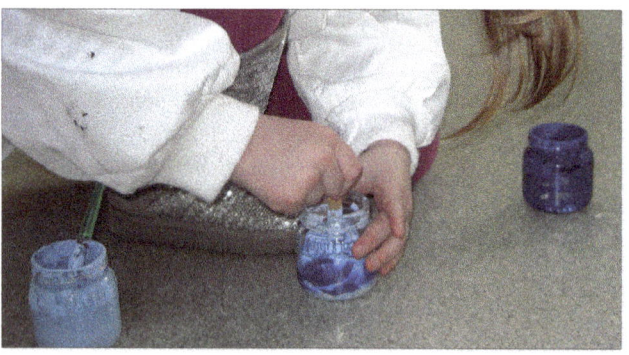

◄ *Pintar con todos los tonos azules que han hecho los niños*

- Pinte con pintura acrílica sobre una cortina de ducha transparente, o parte de ella, para hacer un mural.

Un mural de Fairy World pintado en colaboración por niños de cinco años. Pintura acrílica sobre cortina de ducha de plástico transparente

- Invite a su hijo a pintar con acuarelas líquidas en filtros de café. Los colores correrán y harán hermosos diseños. Si cuelga las pinturas secas en la ventana, los colores parecerán brillar.

- Reúna palos con formas interesantes y píntelos con pintura acrílica o témpera. ¿Qué puedes hacer con los palos pintados? ¿Un movil? ¿Una escultura (usa bolas de arcilla para levantar los palos)?

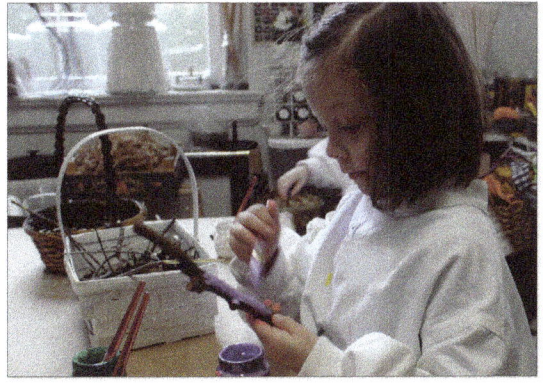

Pintando palos recogidos en un paseo por la naturaleza

- Invite a su hijo a planificar las carreteras de una ciudad para construir bloques y jugar con el automóvil.

  Necesitas:

  ◦ Un gran trozo de tela de pato de algodón.
  ◦ Un lápiz
  ◦ Pintura acrílica gris o negra (y amarilla o blanca si su hijo quiere líneas en las carreteras).

Planifique las carreteras con su hijo. Su edad determinará cuánta ayuda necesitará ofrecer. En el jardín de infancia, los niños negociaron hacia dónde querían que fueran los caminos y yo dibujé con lápiz lo que me dijeron que dibujara. Aproveché la oportunidad para desafiar su forma de pensar cuando una carretera parecía no ir a ninguna parte o un "lugar" que querían tener en

su ciudad no tenía una carretera de acceso. Luego pintaron las carreteras. Más tarde, pintaron líneas en los caminos, le hicieron carteles de cartón, construyeron edificios con cartulina y cajas y construyeron puentes. La pieza siguió siendo una opción para jugar en áreas de bloques durante muchos años.

- Diluir la acuarela líquida (un poco de pintura en mucha agua; la cantidad dependerá de lo que quieras pintar y de la intensidad que quieras que tengan tus colores) en unas pocas botellas de spray. Invite a su hijo a pintar con la botella de spray:

  ◦ En papel grande, preferiblemente en el exterior, ya que esto se ensuciará
  ◦ en la nieve
  ◦ Sobre una sábana plana blanca. Puede usar la sábana, una vez que esté seca, como una cubierta de un fuerte de batalla o cubículo, o

Acuarela líquida pintada sobre una sábana. Los niños usaron esto como una cubierta de casita durante muchos años.

puede cortarla en trozos más pequeños para usarlos para disfrazarse (vea la sección de Disfraces y Juego Dramático). Esto se puede hacer con acuarela líquida sin diluir y pinceles, como en la imagen a continuación.

Ofrézcale a su hijo mayor una variedad de tamaños de pinceles para que pueda elegir un pincel que se adapte a su propósito: pinceles pequeños para detalles y marcas diminutas, pinceles más grandes para trazos amplios y llenar grandes espacios.

Disfraces y Juego Dramático

El juego de roles/papeles asignados es la forma en que los niños comprenden el mundo social y emocional: ¿Qué se siente ser mamá o papá? ¿Cómo se siente ser grande y estar a cargo? El juego dramático también es una forma de representar, y por lo tanto controlar, una emoción fuerte: ¡Soy un tigre feroz y puedo conquistar cualquier cosa que me amenace (y al hacerlo, mantenerme a salvo)! Es sumamente satisfactorio para los niños. Participarán en el juego dramático independientemente de que usted proporcione materiales u oportunidades particulares para ello, pero hay cosas que puede hacer para fomentar el crecimiento en este tipo de representación y cosas que puede hacer para que sea aún más divertido.

Un grupo de niños en edad preescolar jugaba a "cachorros persiguiendo leones" todos los días en el patio de recreo. La obra fue muy activa y muy emotiva. La maestra notó que los niños ocasionalmente se sentían abrumados por la emoción de la obra, y a menudo se quejaban de que el león no escuchaba cuando gritaban "¡Alto!" La maestra decidió convocar una reunión del león y los cachorros, para ver si podían llegar a algún acuerdo para que todos se sintieran seguros en esta jugada que claramente querían continuar. Los cachorros expresaron su frustración porque el león no dejaba de perseguirlos y de rugir cuando le preguntaban. "Pero te reías y estabas corriendo", dijo el león. "No lo sabía".

"¿Cómo le harás saber al león que lo dices en serio cuando dices" ¡Alto! " preguntó el maestro.

Después de un poco de discusión, los niños acordaron que extenderían una mano como un policía de tránsito cuando dijeran 'Alto' para que el león supiera que iban en serio y que el león se detendría.

"Y a veces quiero ser el león", declaró alguien.

Entonces, la negociación continuó. Se turnarían para ser el león.

Pero la maestra todavía estaba preocupada porque esta obra no parecía estar creciendo. Ella entendió que 'peligro y seguridad' eran grandes ideas para los niños (bueno, para todos nosotros). Lejos del patio de recreo, inició una conversación sobre peligro, miedo y seguridad.

"¿Qué sabes acerca de los leones?" preguntó a los niños.

Lo que siguió fue una serie de conversaciones, dibujos y juegos que fluyeron desde leones hasta monstruos, vampiros, ladrones, escondites, trampas para los malos y mecanismos para vencer el peligro. La maestra notó que el enfoque de los niños evolucionaba del miedo al coraje y al empoderamiento - expresado principalmente en su juego dramático.

Cuento esta historia para ilustrar el poder del juego dramático para mejorar los recursos personales de los niños. Por supuesto, si está solo en casa con un niño, él no puede participar en juegos sociales dramáticos. Pero es valioso expandir la identidad de uno mismo en el juego de dramático, incluso si está solo.

Dado que uno de los objetivos de la enseñanza y el aprendizaje de esta manera es que conocerá mejor a su hijo para que pueda ayudarlo a crecer en todo lo que puede ser de una manera auténtica, trate de no imponer su idea de lo que su hijo debería fingir ser. Más bien, disfrute de la ventana a su imaginación y observe cómo su juego de simulación cambia con el tiempo.

La importancia de asumir riesgos y el derecho del niño a intentarlo

Desde hace una generación, la "seguridad" ha sido una preocupación primordial en la creación de espacios de juego para niños. Pero estudio tras estudio han encontrado que aumentaron las lesiones graves en esos espacios de juego "seguros". (Rosin 2014) ¿Por qué? Porque los niños están motivados a poner a prueba sus habilidades. Necesitan, para saber qué pueden hacer, saber dónde están sus límites y cómo y cuándo tomar riesgos de forma segura. Cuando los espacios de juego seguros no ofrecen desafíos que les permitan poner a prueba sus capacidades, los niños tienden a crear esos desafíos utilizando el equipo de manera insegura, como subir a la parte superior de un columpio. Cuando diseñé un salón de clases al aire libre, instalé rocas a varias alturas, la más alta a 3 pies, en un gran pozo de arena. Los niños los veían un poco peligrosos para escalar y saltar. Se necesitó un poco de coraje para navegar por esas rocas, lo que las hizo deliciosamente atractivas. Nadie se lastimó más que una rodilla en esas rocas, porque los niños las vieron como un desafío y aprendieron a prestar atención cuando estaban sobre ellas. ¿Sabes dónde fueron la mayoría de nuestras tiritas adhesivas/curitas (bandaids)? A los niños que se cayeron mientras corrían en nuestra acera perfectamente plana o tropezaron con el límite de cuatro pulgadas de alto del foso de arena. Simplemente no estaban prestando atención porque, a sus ojos, no había desafíos allí.

Conozco padres que, cuando sus hijos se suben a las rocas o caminan por muros bajos, dicen repetidamente: "¡Ten cuidado! ¡Ten cuidado!" ¿Qué mensaje envía esto a un niño que está escuchando (muchos no lo hacen)? No confío en que estés a salvo. ¿Cómo aprenderá un niño a confiar en su cuerpo y en su juicio si sigue recibiendo un mensaje que dice: "¿No puedes confiar en ti mismo"? En cambio, les enseño a los padres y maestros a decir (si es necesario): "Presten atención". A menudo eso es innecesario, pero en realidad es lo que quiere que el niño se diga a sí mismo. Supervise. Atrápelo si vacila y tranquilícelo si se cae y ciertamente evitar que suba a la parte superior de ese columpio, ya que una caída desde allí podría ser realmente peligrosa. Pero si lo peor que puede pasar es que a un niño se le pele la rodilla mientras que lo mejor es que aprenda un poquito más sobre lo que su cuerpo puede hacer en este momento, y lo que su coraje le permitirá y no dejará hacer en este momento., entonces el mejor curso de acción es dejar que lo intente.

De manera similar, los padres y maestros a menudo prohíben que los niños jueguen con palos o piedras. ¡Pero los palos y las rocas tienen un enorme alcance para la imaginación! En lugar de prohibirlos, ¿por qué no llegar a un acuerdo, basado en la razón, sobre qué está bien hacer con palos y piedras y qué es demasiado peligroso? Usted y su hijo pueden estar de acuerdo en que construir con palos o cavar con palos es seguro, pero correr con ellos no lo es. Puede estar de acuerdo en que puede hacer lo que quiera con las rocas siempre que no vuelen por el aire. Cualquiera que sea el acuerdo, debe ser una conversación en lugar de un edicto, de modo que su hijo pueda comenzar a construir por sí mismo la capacidad de tomar buenas decisiones sobre riesgos y seguridad.

Luego está la cuestión de las herramientas. Los niños con grandes ideas necesitan herramientas reales para darse cuenta de su intención. A veces, esas herramientas pueden ser afiladas o es posible que se pregunte si su hijo tiene la edad suficiente para manejar herramientas para adultos. Nuevamente, los niños en edad preescolar saben cuándo las herramientas pueden ser riesgosas y tienden a prestar atención cuando las usan. Si supervisa, su hijo de cuatro años puede usar un cuchillo de cocina para cortar la fruta. Puede usar un lápiz afilado si sabe cómo protegerse con él. Puede usar un martillo si sabe cómo usarlo de manera segura. Puede usar una aguja para coser. He conocido niños que realmente pensaban que una aguja tenía la intención de saltar y pincharlos, porque les habían enseñado que las agujas no son para niños. Tomar pequeños riesgos y ejercitar su coraje para hacer visible su idea pone a su hijo en un lugar de crecimiento mental y emocional.

Disfraces y Juego Dramático

La mayoría de las familias tienen algún tipo de disfraz para los niños. Aquí hay algunas ideas para mejorar sus ofertas:

- **Alas de hada**

¡Puedes hacer alas para disfrazarse tan fácilmente! Alas de hada, alas de murciélago, alas de dragón, alas de pájaro, cualquier tipo de alas que su hijo necesite para transformarse. Todo lo que necesita es un metro de tela transparente y una diadema elástica, del tipo que rodea toda la cabeza de un niño. Puede proporcionar tela negra para murciélagos, verde para dragones, etc. Ata la diadema alrededor de la mitad de la tela. Tanto la tela como la diadema se verán como lazos bidimensionales. Luego, su hijo pasa cada brazo por un lazo y usa las alas como una mochila. Puede coser o atar pequeñas cintas para el cabello o gomas elásticas en dos esquinas de las alas para que pasen los dedos, o su hijo puede simplemente sostener los extremos en sus manos. Cuando corre, sus alas se agitarán como alas reales.

- **Tela como disfraz flexible**

Aunque ciertamente puede tener un baúl lleno o un juego de ganchos lleno de ropa de vestir "real" para su hijo, siempre prefiero opciones más simples y versátiles. Se puede envolver o sujetar tela transparente

de diferentes colores en el cuerpo para hacer casi cualquier disfraz deseado, y cumple una doble función como manta, un río, un escondite con visibilidad, una cubierta de fuerte, "alas" de emergencia y mucho más…Agregue cintas elásticas para la cabeza y pinzas de madera para la ropa, y tendrá un enorme margen para la imaginación.

- **Cabestro de caballo**

Mientras observaba a los niños jugando a caballo y jinete o perro y paseador, noté que intentaban atarse cuerdas alrededor del cuello. ¡No es tan buena idea! Entonces, hicimos arneses con correas de algodón de 5/8" de ancho (el ancho no es realmente tan importante). Cosimos los extremos de las correas para formar un gran círculo. El caballo se pone el arnés como una mochila y el jinete sujeta el otro extremo del lazo. Esto hace un arnés satisfactorio sin poner nada alrededor del cuello.

- **Fuertes y Casas**

Al crecer, mi hijo siempre tuvo una caja grande. A veces lo transformamos en una casa, a veces en un teatro de marionetas, a veces en un cohete. Cuando una caja se volvía demasiado andrajosa para mantenerse en pie, encontrábamos otra y mi hijo decidía en qué quería que se convirtiera la nueva caja. Cuando tuvo la edad suficiente, dibujó un diseño para la estructura, y su papá o yo manejamos el cortador de cajas. A veces colaboramos con él en problemas de diseño (cómo hacer el tipo de techo que quería, por ejemplo), pero la mayoría de las veces él dirigía la construcción. Él amueblaba la estructura por dentro y decoraba tanto el interior como el exterior, a veces con marcadores y otras con pintura. Cuando alguien que conocíamos compró un electrodoméstico grande, preguntamos si podíamos tener la caja (¡nadie dijo que no!) Y de vez en cuando buscábamos cajas en tiendas de electrodomésticos. Usamos cajas encontradas cuando alguien que conocíamos compró electrodomésticos u otros artículos grandes, y algunas veces buscábamos cajas en tiendas de electrodomésticos. También puedes combinar cajas para hacer estructuras con múltiples habitaciones (o autos o cualquier cosa que tu hijo se imagine). ¡Una caja puede convertirse en tantas cosas! Para obtener ideas sobre lo que se puede hacer con una caja, consulte este enlace.

Escanee el código QR para: Hamacas de mesa

Escaneé el código QR para: Hecho de una caja de cartón

Una mesa con cuatro patas (a diferencia de una mesa de pedestal) también puede convertirse en un refugio maravilloso. Simplemente cubra la mesa con una sábana u cualquier pieza de tela lo suficientemente grande como para que llegue al piso por todos lados (o tres lados si empuja la mesa contra la pared). Amuebla el refugio con almohadas, peluches, libros y una linterna, y tendrás un escondite encantador.

También puedes hacer una hamaca con una mesa de cuatro patas y tela. Coloque un tramo largo de tela resistente (los visillos no sirven para esta aplicación) debajo de la mesa y ate los extremos en la parte superior de la mesa con varios nudos fuertes. Consulte este enlace para obtener instrucciones e imágenes.

Si desea algo más permanente pero extremadamente flexible, puede hacer un marco de casa de cubículo. El marco está hecho de cuatro paneles de madera abiertos, cada uno hecho con 1x1. Cada panel mide 4 'por 4' y tiene una pieza transversal vertical en el medio y una pieza horizontal en el medio de un lado. Cuando ensamblas los cuatro paneles en un cubo, creas el marco de una casa que los niños pueden cubrir con telas o papeles grandes decorados según su imaginación. A veces, nuestra casita también se convirtió en una casa oscura (ver la sección sobre sombras), un teatro de marionetas y un marco para tejer (ver la sección sobre tejer). Puede desmontar la casita para guardarla o usar solo dos o tres paneles a la vez. ¡Use su imaginación!

Mommy, they're taking away my imagination!

Los cuatro paneles del cubículo están unidos de una manera que crea un separador de ambientes.

Los paneles de la casita se amarraron en un cubo con una cuerda y se cubrieron (por los niños) con telas y un mural transparente.

La casita se construye uniendo cuatro marcos como este con una cuerda o una cuerda elástica. Podría unir los cuatro marcos para hacer un cubo permanente, pero eso limitaría su flexibilidad.

Aquí hemos ensartado una de las "ventanas" de la casita con una cuerda, para que los niños pudieran usarla como telar para tejer. El "techo" es simplemente un gran trozo de tela que cubre los bordes de la casita y se junta en un punto unido a un conjunto de estantes de arriba. La tela violeta y todos los demás adornos son la construcción de los niños, unidos a los lados con grandes clips de madera.

Construcción

Aunque primero puede evocar imágenes de bloques o carpintería cuando piensa en la construcción, lo estoy definiendo, combinando piezas similares o diferentes de casi cualquier cosa, a menudo de manera temporal. Además de bloques, materiales reciclados, palos y piedras, múltiplos de cualquier cosa que pueda sostenerse, papel y juguetes de construcción tradicionales pueden ser materiales de construcción..

Los bloques vienen en muchas formas, pesos y tamaños. Si puede pagar bloques unitarios, son excelentes no solo para construir, sino también para desarrollar una comprensión de las relaciones matemáticas, ya que tienen un tamaño tal que dos cuadrados ("mitades") equivalen a una unidad, dos unidades equivalen a un bloque largo (" dos"), y dos bloques largos equivalen a un "cuatro bloques". Consulte el Apéndice para obtener una fuente de bloques de unidades.

Sin embargo, no necesita bloques unitarios para fomentar la construcción. Algunas otras posibilidades:

- Legos
- Cajas de cartón grandes y pequeñas
- Tubos de cartón
- K'nex
- Magnatiles
- Bloques Kapla (también conocidos como Blox Brain Blox o Bloques Keva) ... tablas de una pulgada por cuatro por 1/8 de pulgada
- Juegos de construcción de Zoob
- Pajitas o palos y bolas de arcilla

En mi opinión, es mejor mantener abiertos (usos múltiples) los materiales de construcción que ofreces, para fomentar el juego prolongado con el mayor margen de imaginación posible. Los juegos de construcción temáticos parecen ser populares en las jugueterías, pero seguir instrucciones para hacer un producto predeterminado es un proceso mental diferente al de la invención y la resolución de problemas involucrados en la creación desde la imaginación.

Los niños pueden construir en dos o tres dimensiones. Los bebés y los niños pequeños pueden apilar bloques, piedras o cajas pequeñas; el material lo invita. Los niños en edad preescolar pueden crear recintos (planos en el piso) o construir los edificios más altos que puedan con los materiales que tienen. Los niños en edad escolar siguen disfrutando de la construcción con materiales más pequeños y detallados o con madera, martillos, clavos y tornillos. La construcción puede ser representativa ("¡Estamos construyendo un castillo!"), experimental ("Estoy tratando de equilibrarlo") o puramente física (construcción con el propósito expreso de derribar). A través de la construcción, los niños aprenden conceptos de física, matemáticas, razonamiento espacial y alfabetización (por ejemplo, en las historias que cuentan mientras juegan con sus estructuras y los letreros que hacen para sus edificios). También desarrollan perseverancia, habilidad para resolver problemas, control motor y control de impulsos a través del juego de construcción.

Enriquecimiento del Juego de Construcción

- **Loose Parts (Piezas Sueltas de Múltiples Usos)**

Cualquier objeto que pueda combinarse con cualquier otro objeto para representar una idea son partes/piezas sueltas. La combinación de partes sueltas diferentes estimula la imaginación y requiere razonamiento espacial, resolución de problemas y más, al mismo tiempo que es extremadamente satisfactorio. En su mayor parte, las partes sueltas no están unidas entre sí de forma permanente. Más bien, el trabajo consiste principalmente en organizar las partes sueltas en diseños o construcciones agradables. Su hijo podría decorar su estructura de bloques con gotas de vidrio o usar rocas para crear un camino hacia su castillo de caja de cartón, por ejemplo.

Consulte el apéndice para ver ejemplos de piezas sueltas.

A veces, los niños crean sus propias partes sueltas para agregarlas a una construcción: como carteles para un zoológico que han hecho o, como en la imagen de abajo, vidrieras de un castillo.

Historias de Bloques y Estructuras Altas

Hace años, un colega y yo notamos una diferencia en la forma en que las niñas de nuestras escuelas jugaban con bloques y en la forma en que jugaban los niños (a los 5 años). Vimos que los niños construían lo más alto que podían y luego, inmediatamente, sin jugar con sus estructuras, derribaban alegremente sus estructuras. Las chicas, por otro lado, dedicaron poco tiempo a construir. Crearon recintos bidimensionales que de alguna manera trazaban lugares para los personajes (pequeños animales o modelos de personas o incluso figuras imaginarias). Crearon historias y el aspecto constructivo de la actividad pareció perderse. Mi colega y yo estábamos intrigados y nos propusimos estudiar cómo podíamos hacer que los niños pasaran más tiempo reflexionando sobre su proceso y jugando con lo que construyeron y cómo podríamos ayudar a las niñas a experimentar el placer y desarrollar las habilidades para participar. más profundamente en la construcción. El resultado fue un cambio en los tipos de materiales y apoyo que ofrecimos tanto a los niños como a las niñas a partir de ese momento, y un mejor aprendizaje para ambos.

Las historias en bloque (lo que las niñas estaban haciendo de forma natural) aportan imaginación y un mayor compromiso en el proceso de construcción. Una vez que un pequeño grupo de niños había comenzado a construir, les preguntábamos cuál era su plan. Cuando más de un niño estaba construyendo, preguntar sobre su plan era a menudo la provocación que solidificaba el plan o revelaba que no había acuerdo sobre un plan. Las conversaciones se encargaron de eso, y una vez que los niños acordaron un plan para su estructura, negociarían otros aspectos de su edificio. Entonces, las historias vendrían naturalmente. ("Esta es la trampa que atrapa al hada mala cuando viene a tomar las joyas"). Cuando se siente bien, puedo comentar: "Esto parece una historia". Si mi tiempo fuera bueno, los niños dirían: "¡Es una historia!" Luego me ofrecí a escribir la historia como la contaban los niños. A veces representaban su historia mientras construían, a veces la historia era más como un recorrido por su estructura y, a veces, contaban una parte de la historia que aún no habían construido, lo que los inspiraba a volver a la construcción.

Si su hijo cuenta historias de bloques, puedes darle a las historias una importancia que coincida con la oportunidad de aprendizaje que es. Tome una fotografía de la estructura y colóquela junto con la historia, y tal vez incluso una ilustración que haga su hijo para acompañarla, en la pared o en su diario.

Una historia en bloque, "Castillo en el mar"

Papel de Construcción

Necesitas:

- Papel coloreado
- Papel grueso o cartón para que sirva de base para el collage
- Tijeras
- Pegamento o barra de pegamento
- Cinta adhesiva transparente
- Bolígrafos (opcional)

Puede invitar a su hijo a crear construcciones bidimensionales o tridimensionales con papel. Aquí hay algunas ideas:

- **Collage**

  Para los más pequeños:

  Si su hijo está listo para las tijeras, dele papel de colores o una página de revista y déjelo cortar, cortar y cortar. Invítelo a cortar papel de diferentes texturas, como papel encerado, cartulina o periódico. El cortará y cortará sin prestar atención a las formas o los dibujos, y hará un gran lío, pero juntos pueden barrer los restos y tal vez guardar algunos de ellos para un proyecto posterior. En mi experiencia, un niño que recién está aprendiendo a cortar o pegar rara vez hace ambas cosas al mismo tiempo.

  Invite a su niño a experimentar con el "pegamento". Introduzca barras de pegamento y deje que su hijo pegue los trozos en una base grande de papel / cartón al contenido de su corazón. Puede proporcionarle pequeños trozos de papel de diferentes colores y formas para que los pegue en la pizarra o invitarlo a usar los recortes de experiencias anteriores. Ayúdelo a ver la base de papel como un límite: los trozos pueden ir a cualquier parte de esta superficie, pero se detienen en los bordes (es decir, no les gusta que se peguen a la mesa).

Para niños en edad preescolar y mayores:

Ofrezca cartón, cartulina u otro cartón pesado como base. Si su hijo ya se siente cómodo con las tijeras y el pegamento, puede cortar sus propias formas en papel para hacer un collage. Después de haber explorado el cortar y el pegar, le gustaría crear imágenes con collage.

Su hijo también puede cortar formas para pegarlas y hacer una figura sin pegarla en una tabla. Ya sea que use una base o no, este trabajo ayudará a su hijo a prestar atención a las partes de las cosas y su relación con un todo: la cabeza, el cuello, el cuerpo, las piernas y las plumas de la cola van juntas para formar un pavo. Esta experiencia se trasladará a entendimientos como "las letras van juntas para formar una palabra".

Los niños exploran las formas de hacer una tira de papel.

- **Ponlo de pie**

Pregúntele a su hijo: "¿Puedes hacer que este papel se pare?" Por supuesto, una hoja de papel no permanecerá inalterada. Pero déle a su hijo la oportunidad de intentarlo. Luego diga: "Veamos si podemos cambiarlo para que se mantenga". Su hijo puede pensar en enrollarlo en un tubo o doblarlo de alguna manera. ¡O puede pensar en algo que tú nunca pensarías! Explore las posibilidades juntos.

Luego, ofrezca tiras de papel grueso de varias longitudes. Deje que su hijo explore cómo doblar y / o girar las tiras para que el papel se levante.

- **Haz una caja**

  Si su hijo muestra interés en hacer casas (u otros edificios), apóyelo mientras descubre cómo hacer una casa (cubo) con papel grueso y cinta adhesiva transparente. Una vez que haya hecho un cubo, descubrirá que puede crear edificios, coches o cualquier cosa que tenga la naturaleza de un cubo.

  Con el tiempo, su hijo comenzará a usar el "alfabeto" de la construcción en papel (cajas, papel enrollado en tubos, tiras, etc.) para hacer lo que imagina con papel, en dos o tres dimensiones. Este alfabeto de técnicas le permitirá utilizar la construcción en papel como lenguaje de expresión.

Árbol de Manzana

Casa embrujada

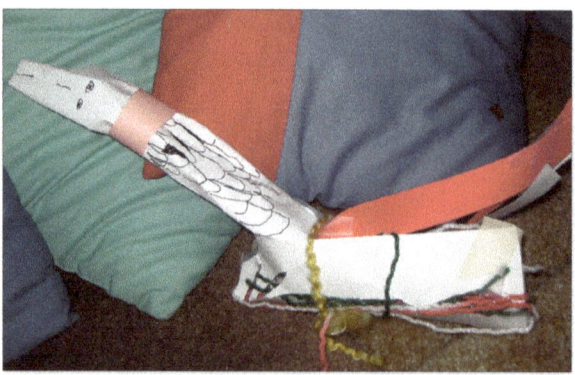

Un Ganso

Mundos Pequeños

Cuando Tristan era pequeño, pasaba horas creando pequeños mundos ... pequeñas escenas hechas con materiales naturales y pequeños juguetes. Hizo hogares para las hormigas que encontró en nuestro porche/corredor. Hizo pueblos de hadas bajo un pino extendido. No le gustaban especialmente los bloques o los Legos, pero le apasionaban los mundos pequeños. Cuando tenía tres años, nos mudamos a una casa nueva que tenía un maravilloso asiento junto a la ventana a la altura perfecta de un niño de tres años. Tristan pasó horas creando un mundo para una jirafa de juguete de dos pulgadas, corriendo desde la sala de estar hasta su dormitorio y viceversa, una y otra vez, para recolectar materiales y crear un micro mundo complejo de 6 pies de largo. Incluidos en los materiales que usó fueron algunas plumas, algunas figuras de papel y otros artículos livianos. Y luego nuestro perro galgo (Abby) bastante grande vino a investigar y respiró sobre el mundo de Tristan, volviéndolo todo fuera de lugar. Por supuesto, Tristan estaba indignado, pero, aceptando nuestras garantías de que Abby no tenía la intención de destruir su pequeño mundo, reconstruyó y nos aseguramos de que Abby no resoplara y resoplara cerca del asiento de la ventana nuevamente.

En la escuela ofrecimos andamios/peldaños de aprendizaje para juegos de pequeños mundos con:

- Plataformas para jugar en múltiples niveles. Las tablas de cortar de varios tamaños y formas funcionan bien, al igual que los tocones de árboles pequeños o las galletas de árboles más grandes (rebanadas de troncos de árboles de tamaño pequeño a mediano).
- Secciones más pequeñas de troncos de árboles o bloques para usar como espaciadores entre plataformas y pequeñas galletas de árbol, que puede cortar de las ramas con tijeras de podar.
- Telas. Usamos colores del mundo natural como verde y marrón, para usar como suelo o dosel.

- La lana de color sin hilar es una gran adición. A menudo se convirtió en la copa de los árboles o arbustos. (Consulte el Apéndice para obtener una fuente de lana.)
- Pequeñas rocas
- Gotas de vidrio
- Trozos de corteza de árbol
- Figuras pequeñas: personas, animales, dinosaurios, hadas.
- Trozos de musgo
- Hadas de las flores (consulte la sección sobre alambre)
- Todo lo que su hijo piense agregar

Proporcione los materiales y un espacio para construir (preferiblemente fuera del alcance de los perros galgos residentes) y deje que su hijo construya.

Esculpir

Representar en tres dimensiones es cualitativamente diferente de representar en dos dimensiones. Es decir, para dibujar un gato tienes que entender ciertas cosas sobre el "gato". Pero para esculpir un gato en tres dimensiones, debes tener un conjunto diferente de conocimientos. Inténtalo. Dibuja un gato. Luego toma un poco de arcilla y haz un gato que se ponga de pie. ¿En qué tienes que pensar que no tuviste que pensar cuando dibujabas? Al trabajar tanto en dos dimensiones como en tres, su comprensión de "gato" se profundiza. Ésta es una de las razones por las que invitamos a los niños a trabajar en ambas dimensiones. La construcción es trabajo en tres dimensiones, pero es diferente de la arcilla o el alambre u otros medios para la escultura porque implica unir partes discretas. La arcilla y el alambre a menudo se trabajan de manera más continua. La escultura de materiales encontrados une los dos tipos de medios: piezas discretas ensambladas de manera permanente.

Arcilla

Necesitas:

- Arcilla (consulte el Apéndice para obtener una fuente de arcilla)
- Revestimiento/mantel de mesa. El lienzo (de una tienda de telas o una tienda en línea) funciona mejor. Aunque la arcilla se adhiere más a ellos que al lienzo, también puedes usar papel o bolsas de papel. En la imagen de arriba, hemos cubierto una pieza de madera contrachapada de 30 x 30 cm con lienzo estirado y engrapado en la parte posterior.
- Esto es todo lo que necesitará al principio. Luego:
- Algo puntiagudo como palillos de dientes, brochetas o lápiz
- Posiblemente un rodillo
- Objetos con texturas interesantes para realizar impresiones, como conchas, botones, Legos, pedacitos de tela de mallas o yute, materiales naturales, etc.
- Cuchillo de punta roma

La masa de plastilina es buena para los sentidos, para aplastar, pinchar y aplanar. Eso funciona para niños pequeños y preescolares, pero no resulta muy satisfactorio para los niños que quieran representar con el medio. No se queda muy bien donde la pones y los detalles se pierden en su blandura.

Prefiero arcilla de alfarero real. No es particularmente costoso, a menudo viene en bolsas de 25 libras (por lo que dura mucho tiempo si lo cuida) y le permitirá a su hijo hacer mucho más con él que la masa.

Sugiero que le presente a su hijo la arcilla sola, sin herramientas, sin importar la edad. Él va a querer explorar la arcilla, posiblemente muchas veces, antes de estar listo para representar con ella. El repertorio de plastilina de un niño pequeño probablemente consistirá en empujar, golpear, aplastar, rodar e incluso usar partes del cuerpo que no sean las manos para manipularlo. Esta exploración es para aprender sobre la arcilla. Los niños un poco mayores explorarán las cuatro formas de arcilla (¡sin que usted se lo indique!): Bola, espiral (serpiente), losa (panqueque) y olla. Cuando note que su hijo tiene la intención de representar y está tratando de pegar pedazos de arcilla, puede mostrarle cómo: pinte un poco de agua en los extremos de los dos pedazos que desea pegar, junte suavemente los pedazos y luego Alise la arcilla de una pieza a otra para que parezca una sola pieza. Cuando su hijo necesita herramientas como un cuchillo de plástico, palillos de dientes, etc. para lograr un objetivo, es cuando debe ofrecerlas.

Primera experiencia con arcilla: pinchar

Y golpeando

◀ *Después de muchas experiencias explorando la arcilla, esta niña de cinco años puede usar la arcilla como lenguaje para hacer un gato. Ella está usando como referente un gato de arcilla hecho por un pequeño grupo de niños en la clase de un año anterior.*

Ideas para trabajar con arcilla

- Hacer impresiones

    Una vez que su hijo haya explorado cómo hacer losas, puede invitarlo a hacer una losa, cortarla en una forma (o no) y presionar pequeños objetos con textura en ella. Si haces un agujero en la parte superior y dejas que la pieza se seque, tienes un hermoso adorno colgante.

Además de crear impresiones, su hijo puede optar por dibujar en la losa de arcilla con un pincho/palo de madera, un lápiz u otro objeto afilado.

- Ponlo de pie

    Si su hijo hace muchas espirales (serpientes), todas acostadas, desafíelo a que haga una que se pare. ¿Qué puede hacer con su bobina en posición vertical? De manera similar, si está haciendo losa (panqueque) tras losa acostada, pregúntele si puede descubrir cómo hacer que una losa se levante. ¿A qué le recuerda?

    Si hace muchos animales en dos dimensiones, desafíelo a que haga lo mismo de pie. Esto le plantea una nueva serie de problemas que debe resolver.

    - ¿Qué puede hacer con solo bobinas?
    - ¿Qué puede hacer solo con losas?
    - ¿Qué puede hacer con bobinas y placas juntas?

- Bajorrelieve

    El bajorrelieve es una forma de escultura en la que las figuras apenas sobresalen del fondo. Muéstrele a su hijo algunas imágenes de bajorrelieve. Ella misma puede crear figuras en bajorrelieve haciendo primero una losa de arcilla y luego formando figuras y uniéndolas a la losa.

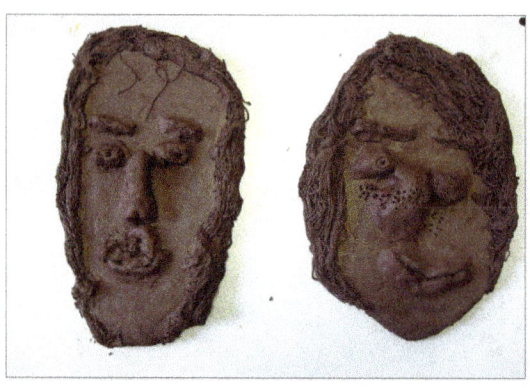

◂ *Retratos en bajorrelieve en arcilla esculpidos por dos niños de 5 años*

- Contar una historia en arcilla

    Si su hijo pinta o dibuja una historia similar varias veces, puede invitarla a que también construya la historia en arcilla. Ella puede dibujar o construir una historia en una losa. O tal vez quiera construir un juego con todos los personajes de una historia que conoce o una historia que escribe. Si pinta o dibuja una historia similar varias veces, podrías invitarla a que también construya la historia en arcilla. Cada vez que representa una idea en un medio adicional o en otra dimensión, descubre algo nuevo sobre el proceso o el contenido. Cuando una niña nos mostraba que le apasionaba un tema, una historia o una idea en la escuela, nos gustaba animarla a que la representara de tantas formas como quisiera entretener.

Deje que la imaginación de su hijo sea su guía con la arcilla. Es un medio particularmente flexible y, para algunos niños, es inmensamente satisfactorio.

◂ *Un niño hizo los personajes de la telaraña de Charlotte con arcilla. Después de que fueron cocinados, los pintó. No tienes que cocer piezas de arcilla, pero son bastante frágiles si no lo haces. Si no tiene acceso a un horno, puede usar arcilla seca al aire, disponible en tiendas de manualidades o en línea, para hacer las piezas que su hijo quiera conservar y con las que jugar.*

Alambres

Necesitas:

- Alambre: delgado pero flexible para manos pequeñas. Puede ser de color (como un cable telefónico) o metálico. Los limpiapipas son un buen primer alambre, pero con el tiempo pueden no ser tan satisfactorios como el alambre sin pelusa.
- Cortacables o tijeras especiales que cortarán el cable que tienes
- Base para esculturas. Para algunos proyectos, una pieza de embalaje de espuma de poliestireno puede ser suficiente. Para otros, su hijo puede preferir un trozo de arcilla. Incluso puede enrollar el extremo del cable muchas veces alrededor de una roca de buen tamaño para levantar una escultura.
- Cuentas de madera y cuentas de pony
- Flores de "seda", desarmadas (para hadas de flores y flores de árboles)

Jugar con cables es como jugar con líneas fuera de la página. Les da a los niños la oportunidad de aprender otro medio de agarre, es decir, retorcerse, y presenta una serie de desafíos únicos. El alambre es propicio para ensartar, esculpir, unir y más. Creo que tuve que mostrarles a los niños cómo torcer el alambre para conectarlo a sí mismo y hacerles saber que no tenían que pegar con cinta adhesiva o pegar trozos de alambre. Más allá de eso, generalmente descubrieron cómo crear diferentes formas con el cable.

◂ Estas esculturas se hicieron con alambre, se moldearon (puede ver que los niños estaban desarrollando un "alfabeto" de formas de alambre aquí) y luego se pegaron en bloques de embalaje de espuma.

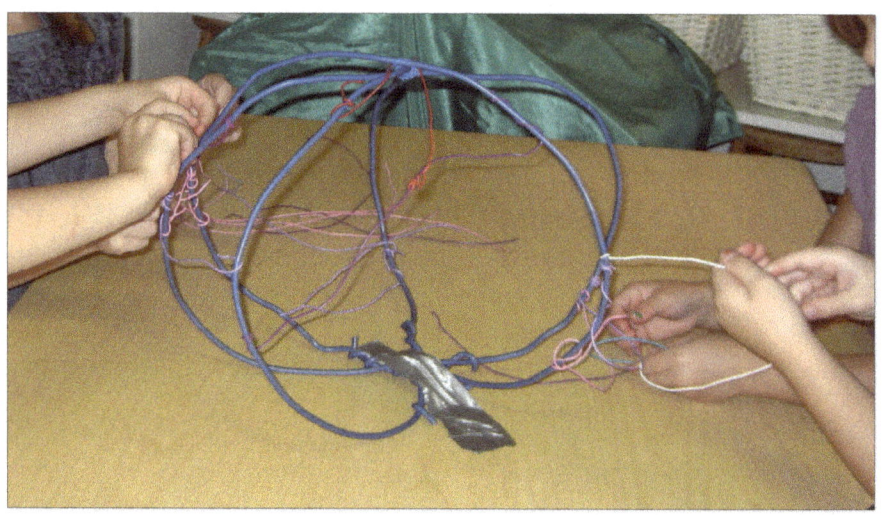

Empezando con el candelabro

Para este proyecto de colaboración, que los niños llamaron "candelabro" y pidieron que se colgara sobre la casita, proporcioné una armadura de esfera hecha de alambre grueso. Los niños retorcieron y tejieron alambre de "teléfono" y cuentas a su alrededor, cambiando su forma orgánicamente y creando algo que declararon hermoso.

Una niña de cinco años que había estado dibujando y pintando ranas arborícolas expandió su representación para esculpir una en alambre.

Hadas de flores y flores de árboles

Necesitas:

- Alambre delgado como el teléfono o el alambre kraft
- Cuentas de madera para cabezas
- Flores de seda, desmontadas. Las partes de la flor suelen tener un agujero en el medio, lo que las hace perfectas para ensartar.
- Cuentas de pony (me gustan las claras de colores)

Materiales para hacer flores de hadas. Encontré una funda de asiento de automóvil con cuentas de madera en una tienda de segunda mano y corté los cientos de cuentas, lo que nos dio muchos materiales para hacer.

Su hijo puede elegir una cuenta para la cabeza. Luego, puede doblar el alambre por la mitad y pasarlo a través del agujero en la cuenta de la cabeza, dejando aproximadamente una pulgada en la parte superior. Puede girar esa pulgada para hacer un lazo para colgar y mantener la cabeza puesta. Luego, sosteniendo los dos cables juntos, puede ensartar cuentas y flores hasta que el cuerpo sea lo suficientemente largo. Termina con una cuenta. Gira el cable debajo de la última cuenta para mantener el cuerpo unido. Separe los dos cables ahora y agregue cuentas en los extremos de los cables para los pies si lo desea. Realmente no hay una forma incorrecta de hacer esto, siempre que el resultado sea del agrado de su hijo.

Puede colgar las hadas de las flores por todo el jardín e incluso sorprender a algunos vecinos colgando hadas de las flores en las puertas de entrada o en los árboles del vecindario.

Flores de árbol

Un año, los niños buscaban una manera de consolar a los árboles en otoño cuando perdieron sus hojas. Entonces, los invitamos a hacer flores de árbol de una manera similar a las hadas de las flores, pero sin las cabezas. Estos eran más abstractos que las hadas de las flores. Los niños declararon que los árboles se sintieron mucho mejor por perder sus hojas después de adornarlos con flores de árboles.

Papel de aluminio

Necesitas:

- papel de aluminio
- Marcadores (Sharpie) de colores o pintura acrílica
- Bolas de arcilla (para levantar esculturas)
- Además, para trabajos de bajorrelieve:
- Base de cartón pesado
- Objetos reciclados relativamente delgados (no más de ½ pulgada de grosor) de diferentes formas
- Pegamento

El papel de aluminio es como un alambre, ya que se queda donde lo pones. Es también como el papel, ya que viene en hojas. Es reflectante y acepta tinta de marcador si su hijo quiere color. Con papel de aluminio, su hijo podría:

- Hacer botes que floten
- Hacer joyas o sombreros.
- Realiza esculturas. Hacer reposar figuras de papel de aluminio con bolitas de arcilla.

- Realiza esculturas en bajorrelieve.
- Ofrezca cartón, objetos encontrados y papel de aluminio. El niño pega objetos al cartón. Cuando la goma se haya secado, presiona papel el aluminio sobre el cartón y los objetos, creando una especie de efecto de bajorrelieve. Él puede colorear las partes que sobresalen o el fondo, o ambos, con marcador o pintura acrílica.

¡Anímela a explorar las posibilidades!

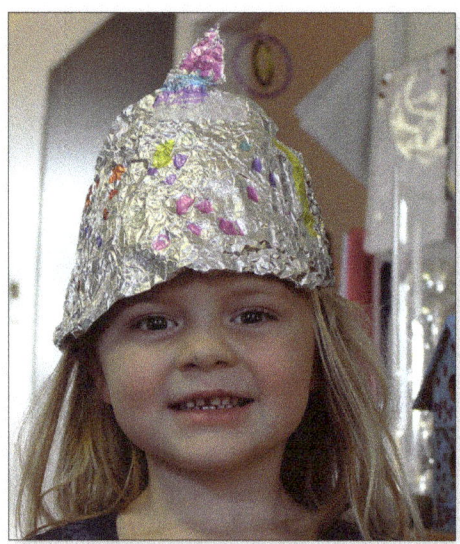

Habiendo dibujado un plan para un ciervo que quieren hacer, dos niños comienzan a esculpir con papel de aluminio.

Trabajando en las orejas de los ciervos.

Costura

Necesitas:

- Un telar o marco en el que puede crear un telar
- Hilo de algodón
- Tiras largas de tela de colores, hilo, celofán de colores, hojas, palos, etc.

Hacer que las cosas se peguen

La maravilla de tejer es que puedes hacer que las cosas se "peguen" sin pegamento ni cinta, e incluso los niños muy pequeños pueden lograrlo. Puedes hacer un telar simple con un marco de fotos. Tejer requiere una urdimbre (los hilos a través de los cuales tejes) y la trama (el hilo con el que tejes). En un marco de imagen vacío, ensarte la urdimbre, con cada cuerda aproximadamente a ¼" de la siguiente.

Hice este telar con un marco de catálogo de tarjetas desechado. Instalé ganchos en el costado en la parte superior e inferior y luego agregué cordones de plástico para hacer un telar para principiantes.

O puede comprar un telar de regazo a un precio bastante económico. (consulte el apéndice para obtener una fuente)

Al principio, querrá proporcionar plumas, palos, tiras de tela y cualquier cosa que crea que podría quedarse cuando se empuje a través de la urdimbre y dejar que su hijo explore.

Tejido de Papel

Necesitas:

- Papel pesado (el papel de construcción funciona bien)
- Tijeras
- Barra de pegamento

Dobla una hoja de papel por la mitad como una "hamburguesa" (el camino corto). Corte ranuras de aproximadamente 1" de separación a través de ambas capas, comenzando en el doblez, hasta aproximadamente 1" del extremo abierto. Cuando abra el papel, debe tener una pieza intacta con ranuras. Corte tiras de papel de contraste de uno o más colores del largo del lado corto del papel (es decir, con cartulina de 9 x 12, las tiras tendrán 1 "de ancho y 9" de largo). Su hijo puede tejer, "encima, debajo, encima, debajo", asegurándose de comenzar "de nuevo" si la última fila terminó en "debajo" y debajo si la última fila terminó en encima (es decir, alternar posiciones iniciales para cada fila). Él debe juntar las tiras que ha tejido para que vea un patrón similar a un tablero de ajedrez. Cuando ya no quepan más tiras, puede pegar los extremos al tapete, arriba y abajo, en ambos lados.

Telares de Cartón

Necesitas:

- Telares de cartón (consulte el Apéndice para obtener una fuente de telares)
- Hilo de algodón
- Varios colores de hilo
- Tijeras
- Aguja de tapiz (roma, con un ojo grande)

Puede configurar un telar con solo 5-7 cuerdas de urdimbre para el principiante o con más para un tapiz más ancho. Su hijo puede tejer con hilo en una aguja de tapiz. Cuando haya terminado de tejer la pieza, simplemente corte las cuerdas de urdimbre del telar y ate dos juntas a lo largo de la pieza.

Telares de círculo grande y pequeño

Necesitas:

- Una fuente de enredadera flexible o un hula hoop
- Hilo de algodón
- Rafia o hilo de varios colores
- CD desechados
- Aguja de tapiz

Una vez que su hijo domine el tejido horizontal, podrá tejer en redondo. Si tiene una fuente de sauce, glicina u otras enredaderas leñosas, puede hacer un telar circular fresco (si no, puede hacer lo mismo con un hula hoop). Cree un marco formando la vid en un círculo repetidamente hasta que el marco sea tan grueso como lo desee. Teje los extremos en el marco. Luego, ensarte una urdimbre atando una cuerda al marco, tirando de ella hacia el lado opuesto del marco, envuélvala unas cuantas veces alrededor del marco para asegurarlo. Tire de la cuerda hacia atrás a través del centro unas pulgadas desde el primer lugar donde se ata la cuerda, y así sucesivamente alrededor del marco. Tejimos en este marco con diferentes colores de rafia, pero puedes usar tiras de tela o hilo voluminoso (¡usa tu imaginación!).

PART 4 – Expanding Your Child's World

Aseguramos el marco a una de las "ventanas" de la casita (ver la sección sobre disfraces y juegos dramáticos). Su hijo puede comenzar a tejer desde el medio. Es mejor emprender este desafío después de que su hijo haya tenido muchas otras experiencias con el tejido.

Puede hacer pequeños telares circulares en CD viejos o bastidores de bordado. Colóquelos de la misma manera que lo hicimos para el telar de rafia gigante, arriba.

Telares encontrados

- **Telares de hadas**

    Busque una rama que se parezca a la letra Y. Enrolle la cuerda horizontalmente alrededor de la sección "V" con espacio entre cada pasada para hacer la urdimbre. Este será el telar. Su hijo puede tejer "por encima, por debajo, por encima, por debajo" a través de la urdimbre, ya sea con materiales encontrados o con hilo y una aguja para tapices.

- **Telares de esgrima**

    Para ello, necesita una valla con espacio entre las lamas (una valla de terraza es perfecta). Elija tiras largas de tela de 2" para este tipo de tejido. Su hijo puede entrar y salir a través de la cerca.

- **Telares de canastas de lavandería**

    Si su canasta de ropa tiene agujeros en los lados, su hijo puede entrar y salir de los agujeros.

- **Telares de puertas para bebés**

    Muchas puertas para bebés son buenos telares.

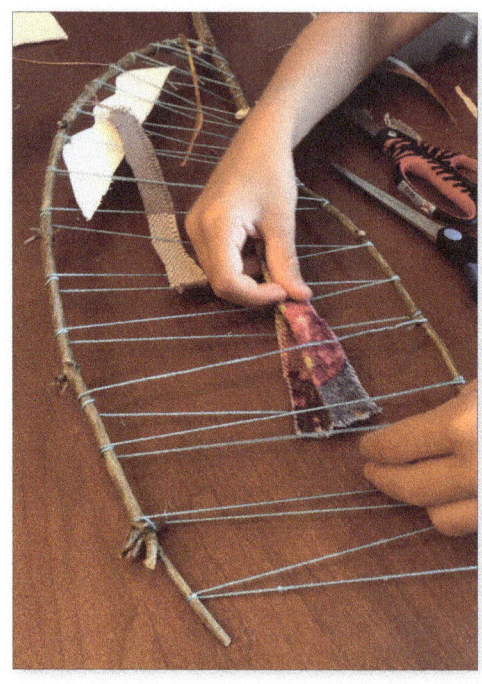

Telares de hadas

Tejer sin telar

Si tiene una fuente de sauce, glicina u otra enredadera leñosa, puede explorar el "tejido de sueños" al estilo de Patrick Dougherty.

Necesitas:

- Vaina/rama
- Clippers
- Base de poliestireno (opcional)
- Cable

Escanee el código QR para ver el trabajo de Patrick Dougherty

"El mundo de un niño es fresco, nuevo y hermoso, lleno de asombro y emoción. Es nuestra desgracia que para la mayoría de nosotros esa visión clara, ese verdadero instinto de lo que es bello se atenúe e incluso se pierda antes de llegar a la edad adulta"

- Rachel Carson

5 Una Relación con el Mundo Natural: Sumergirse en las Maravillas

Seguir la Curiosidad de los Niños

Los niños nacen curiosos. La curiosidad es lo que impulsa el aprendizaje, pero a veces la escolarización puede enseñar al niño a no seguir su curiosidad y eso podría obstaculizar las posibilidades de participar en la investigación. Cuando la escuela se trata de averiguar lo que el maestro quiere que su hijo haga y diga, eso se convierte en la investigación en la que el niño participa. Si desea que su hijo se sintonice con su propia curiosidad y ejerza su derecho a seguirla, querrá enviarle el mensaje de que valora su curiosidad y que dedicarse a la investigación es digno de su tiempo y del suyo. Puede hacerlo uniéndose a él cuando exclame sobre la hormiga en la acera y quiera verla para ver a dónde va. Hágale participar en una conversación sobre lo que está observando. Trate de hacer esto de una manera que no interfiera con su intención; cuando los adultos se hacen cargo de la investigación de un niño, el niño a menudo la abandona. La idea es ayudarlo a darse cuenta de su propia intención y ayudarlo a mantenerse comprometido.

Es posible que se sorprenda por los cambios en su propia perspectiva cuando haga esto. Realmente nunca perdemos la curiosidad con la que nacimos. Más bien parece estar inactivo, haber sido empujado a la clandestinidad por las expectativas de la academia y la vida adulta. ¡Cuánto extrañamos! El impulso de su hijo por comprender es su boleto para regresar a su estado natural. Tienes la oportunidad de redescubrir placeres perdidos a su lado.

El Mundo Natural

En el parque de las Artes de Richmond la primavera pasada, catalogué mentalmente la actividad de los niños que pensé que tenían entre dos y tres años. Esto es lo que vi: Niños en cochecitos con chupetes en la boca, mirando fijamente al frente a pesar de la actividad del festival. Los niños, también en cochecitos, con iPhone (presumiblemente de sus padres), ni siquiera interactúan con el mundo que los rodea. También vi a algunos niños caminando, a veces tomados de la mano de un adulto, pero también a veces deteniéndose para hablar con un perro o recoger una bellota (pinecone) o hablar con un artista. Hicieron preguntas a sus adultos. O participaron en la ejecución de monólogos. Los adultos de estos niños tenían que prestar atención; no había nada que los atara a los niños, y los niños tenían sus propias ideas y agendas. ¿Cuáles niños estaban aprendiendo, supones? Si, adivinaste los niños sin ataduras, tienes razón. El niño comprometido es un niño que aprende; eso es cierto sin importar el lugar. El mundo natural ofrece una inmersión profunda en el compromiso, y no tiene que hacer nada más que estar con su hijo y seguir su ejemplo. Encontrará lo que le interesa en el bosque, en el parque o en el patio trasero. Es un entorno que siempre está cambiando; siempre pasa algo en la naturaleza.

Cuando nos mudamos a un área boscosa cuando Tristan tenía tres años, caminábamos juntos por los senderos a lo largo del río James. Le enseñé-y practicamos-una cosa. Cuando dije, "¡Alto!" tuvo que detenerse de inmediato (por el bien de la seguridad). Una vez que tuvo un "¡Alto!" confiable podía correr adelante a su velocidad (lo "detuve" antes de que doblara las esquinas ciegas o llegara demasiado lejos). Podría explorar un charco o un agujero en la base de un árbol o una hermosa enredadera que cuelga de un árbol. Observó que ni el bosque ni el río eran el mismo lugar dos veces. Desarrolló una relación con un conjunto de raíces expuestas en la orilla del río, sentándose entre ellas, como en un abrazo, para disponer guijarros y flores en las raíces. Sabía que estaba aprendiendo mucho, pero no sabía qué tan profundo era el vínculo emocional que tenía con ese árbol hasta que el río inundó sus orillas un día cuando tenía cuatro años. Cuando el río retrocedió lo suficiente como para dejar al descubierto los caminos de nuevo, llevé a Tristan a ver su árbol. Tontamente pensé que estaría intrigado por los cambios que observó. En cambio, rompió a llorar, de luto por su árbol, que, a sus ojos, había perdido sus raíces (bajo el agua) y, para su pesar, nunca volvería a ser el mismo. Después de hacer espacio para sus grandes sentimientos, Tristan emergió de esa experiencia un poco más filosófico después de que hice espacio para sus grandes sentimientos; al hablar de su tristeza y de lo que había sucedido, construyó un nuevo conocimiento sobre la inevitabilidad del cambio en el mundo. Yo también aprendí. Entendí de una nueva forma la reciprocidad entre emoción e intelecto que crean las mejores condiciones para el aprendizaje profundo. Ningún lugar es mejor para esto que en la naturaleza. La oportunidad de desarrollar una relación con el mundo natural puede ser uno de los mejores regalos que le puede dar a su hijo.

Dibujo de Observación

Su hijo aprenderá mucho simplemente interactuando con el mundo natural. Y sin duda querrá llevarse pedazos a casa (me dijeron que a los 5 años yo insistí en llevarme a casa el diminuto pez muerto que encontré flotando en un estanque de mi barrio. Al parecer, también insistí en que mi madre se llevara una imagen mía con él, y así es como recuerdo el incidente). Cuando su hijo encuentre un objeto que usted crea que sería bueno para este propósito, invítelo a hacer un dibujo. Anímela a dibujar lo que ve (en lugar de lo que ya cree que parece, especialmente si se trata de un objeto familiar como una flor) e incluir todo lo que ve. Se dice que solo se ve correctamente lo que se ha dibujado. El dibujo observacional enseña el ojo y la mano, y expande la mente.

También puede preparar una mesa con algo interesante, tal vez de la naturaleza, e invitar a su hijo a dibujar lo que ve. Anímeloa que dibuje no lo que sabe, sino lo que realmente ve, y que mire más allá de las formas básicas e incluya detalles. Los bolígrafos de felpa fina (que yo llamo "bolígrafos pensantes", porque cuando los niños dibujan con ellos parecen prestar más atención a la forma, la línea y los detalles que cuando dibujan con otros medios) facilitan mejor el dibujo observacional, ya que la tarea implica centrarse en forma y detalle. Su hijo puede colorear su dibujo de observación más tarde si lo desea.

Dibujo de observación de una rama y una bellota, en grupos de tres. Mi hipótesis es que la niña dibujó tres de cada uno en un intento de dominar la tarea que se propuso.

Estudiando una lagartija y una roca a través del dibujo de observación

Dibujo de observación del aula al aire libre, incluido el perro mascota de la clase, Lucy

Llevar un Diario de la Naturaleza

Puede invitar a su hijo a hacer su dibujo de observación en un diario de la naturaleza, un libro encuadernado solo para sus observaciones de la naturaleza. Puede llevarlo con él en sus paseos o en el patio trasero. Puede estudiar dibujando el arreglo floral en la mesa del comedor. Puede registrar sus dientes perdidos. Puede presionar flores u hojas en él. Él puede pegar fotografías de sus viajes a la naturaleza en él. Muéstrele cómo trabajar desde el principio del libro, una página a la vez y ayúdelo a escribir sus pensamientos sobre los dibujos que pone en el diario (es decir, escriba sus palabras por él, dígale las letras para que pueda escribir, ayúdelo cuando se atasque escribiendo las palabras como suenan, o lo que sea apropiado para su etapa de adquisición de la alfabetización).

Cualquier libro encuadernado puede servir como este diario. Incluso puede hacer uno usted mismo doblando varios trozos de papel de dibujo pesado por la mitad y grapándolos en forma de libro.

Coleccionando

A la mayoría de los niños les encanta coleccionar. Cuando dábamos paseos por la naturaleza en el jardín de infancia, a menudo llevábamos cestas o bolsas para este propósito. De vez en cuando coincidíamos en el tipo de cosas que buscábamos, pero con frecuencia se trataba de recolectar al aire libre. Cuando volvíamos al salón de clases, los niños solían clasificar sus hallazgos. Aprendí a estar preparado con bandejas y cuencos para este propósito. Una vez clasificados los materiales, tendríamos una reunión para hablar sobre las ideas de los niños para los materiales. Muchos proyectos surgieron de colecciones de la naturaleza: collages, móviles, casas de hadas y pueblos de hadas, o exhibiciones en estuches de CD transparentes colgados en las ventanas.

Arte de Hielo

Necesitas:

- Plato de plástico pequeño
- Agua
- Materiales naturales: bayas, hojas y agujas de coníferas, flores de invierno, etc.
- Cadena
- Tijeras
- Un día frío o un espacio en el congelador.

En el invierno, congelamos bayas y ramitas en agua en platos pequeños para hacer decoraciones para árboles. Los niños crearon pequeñas escenas o diseños con los materiales naturales en agua sobre platos de plástico. Luego hicimos un lazo para colgarlos doblando un trozo de cuerda por la mitad y colocando los dos extremos en el agua en la parte superior del plato. Dejamos los platos afuera en un día frío para que se congelen, y cuando estaban completamente congelados, colgamos el "arte de hielo" en un árbol. El juego del sol sobre y a través de los discos congelados era fascinante.

Mommy, they're taking away my imagination!

Retrato con materiales naturales

Casa de hadas en un jardín de hadas. La puerta fue un regalo de un adulto que quedó impresionado con la casa de hadas de los niños. Simplemente lo colocamos frente a la casa para que los niños lo descubrieran. Durante días, los niños hablaron sobre quién podría haber puesto la puerta allí, y el consenso se inclinó hacia las propias hadas.

Teorías de dibujo

Los niños que estaban considerando adónde va el sol por la noche dibujaron sus teorías después de su primera conversación para abordar la pregunta. Al hacerlo, estaban aclarando por sí mismos sus propias teorías y estaban resolviendo cuáles de las otras teorías planteadas en la conversación acomodarían en sus propias teorías. También puedes hacer esto en casa. Comience con su hijo pequeño dibujando su teoría mientras la articula (¡una buena razón para llevar un pequeño cuaderno y un bolígrafo a donde quiera que vaya!). Consulte con él mientras dibuja: "¿Es esto lo que quiere decir?" Muéstrele que dibujar es una forma de mejorar la comprensión de otra persona cuando está planteando una teoría. A medida que su hijo desarrolle su habilidad para dibujar, puede invitarlo a dibujar su teoría a medida que la explica o después, diciendo: "Nos ayuda a los dos si podemos verla".

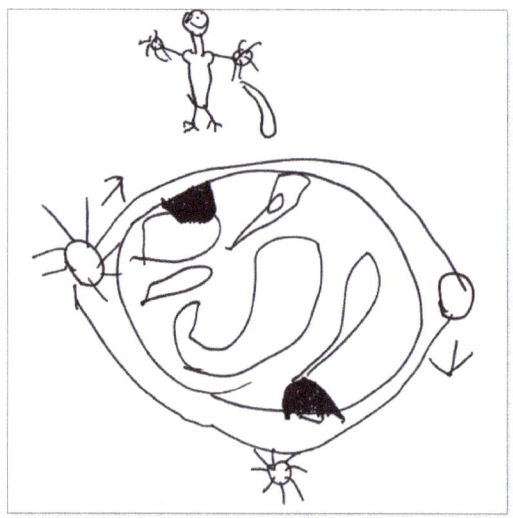

Hay 2 soles y 1 luna. La luna se mueve hacia el sol medio cuando cree que es de mañana. El sol intercambia lugares con él. El sol lateral pregunta al otro sol cuándo es su turno de ir a la luna.

El sol se esconde detrás de la montaña cuando la luna está alta. Dios lo pone ahí cuando va a anochecer.

Inténtalo tú mismo. ¿Puedes dibujar tu teoría sobre cómo tu microondas calienta los alimentos? ¿O cómo funciona tu enrutador wifi? ¿Puede dibujar su teoría sobre cómo su hijo ve el mundo?

Luz y Sombra

Maravillas de la ventana

Necesitas:

- Papel adhesivo transparente
- Tijeras
- Papel transparente de colores (papel de seda, celofán o similar) cortado en pequeños cuadrados
- Materiales naturales bastante planos (hojas, flores, palitos)
- Otros materiales planos (ver más abajo)

Corta un trozo de papel adhesivo transparente del tamaño deseado (no más grande que el cristal de la ventana en el que planeas colgarlo). Pegue con cinta adhesiva el papel adhesivo a la mesa, con el lado adhesivo hacia arriba, para que no se mueva mientras su hijo trabaja. Su hijo puede crear diseños / imágenes directamente en el papel de contacto con:

- Flores u hojas u otros materiales naturales bastante planos
- Cuadritos de papel de color translúcido (papel de seda, por ejemplo) para un efecto de superposición de mosaico de los bordes con un juego de colores.

Incluso puede cubrir una ventana completa con el papel adhesivo para que su hijo pueda crear una ventana de color completa con papel translúcido, hojas otoñales o cualquier otra cosa que interactúe con la luz de la ventana. Si elige una ventana soleada, ¡puede obtener hermosas sombras de colores en toda su habitación!

Mosaicos translúcidos sobre papel para trazar, creados sobre una mesa de luz

Mosaicos translúcidos sobre papel adhesivo transparente

Mas ideas para Maravillas de Ventana:

- Cuerdas de diferentes colores de varias longitudes junto con botones o pompones o materiales reciclados bastante planos
- Palillos de dientes o palitos de helado, que su hijo puede pintar primero o usar como están.
- Fichas de bingo de colores transparentes (a veces disponibles en tiendas de dólar).
- Invite a su hijo a recortar formas de plástico transparente de colores, que a menudo se vende como carpetas de archivos, y a crear

diseños / imágenes en la lona de papel adhesivo de la mesa o la ventana. Consulte el apéndice para obtener una fuente de estas carpetas.

- ◦ Pequeñas lentejas secas o frijoles, de diferentes colores.
- ◦ Su hijo puede cortar pajitas de diferentes longitudes y crear diseños en el caballete de la Ventana

¿Qué más puede encontrar su hijo que se pegue y se vea hermoso?

¡Recuerde, hay poder en combinar materiales y representar la misma idea de diferentes maneras!

Cuando su niño termine de crear, puede pegar la pieza directamente en la ventana o adjuntar otra hoja transparente de papel adhesivo (intercalando la obra de arte).

Juego de sombras

Las sombras son cosas maravillosas, llenas de misterio y magia suficiente para capturar la imaginación. Se parecen a ti, pero no tienen funciones. Crecen y se encogen a medida que avanza el día. Suelen ser de color negro o gris, pero a veces son de color. No puede levantarlos y sostenerlos, pero son reales. ¿Están vivos? ¿Pueden decidir qué hacer? ¿O soy siempre el jefe de mi sombra? ¿De qué está hecha una sombra? ¿A dónde va mi sombra por la noche y cuando entro en ella? ¿Hay sombras por la noche? Todas estas son maravillas que los niños pueden tener sobre las sombras. Los niños de cualquier edad pueden explorar las sombras de manera desafiante. Todo lo que necesitas es luz y una superficie.

Los retroproyectores son una gran fuente de luz y tienen un enorme margen para la imaginación. Están desafortunadamente en el mundo de los negocios, por lo que es posible que pueda encontrar uno en una tienda de excedentes/materiales o en una escuela que los almacene. Ebay también tiende a tener a la venta algunos usados. Pero si no puede encontrar uno, puede usar cualquier fuente de luz realmente fuerte para jugar con las sombras un proyector LCD portátil o incluso un proyector de diapositivas antiguo. Proyecte su luz en una pared o cuelgue una sábana lisa, y tendrá lo que necesita para jugar con las sombras. Aquí tienes algunas posibilidades:

- Ofrezca telas transparentes de varios tamaños y colores y música, y su hijo podrá hacer que su sombra baile de maneras encantadoras.
- Invite a su hijo a hacer títeres de palitos con formas simples de cartón y a representar historias.

Los niños aquí escribieron una obra de teatro. Actué como escribia según me dictaban. Luego ellos crearon sus títeres y representaron la obra como yo la narraba, usando sus palabras. Esta pantalla de sombra era una tela suspendida en un marco, por lo que la audiencia podía sentarse del otro lado y ver solo las sombras.

Sombras de construcción

Necesitas:

- Pantalla de proyección, que podría ser:
  - Una sábana sobre un lado de una casita, si ha hecho una
  - Una sábana colgada en una pared
  - Una hoja sobre una caja grande o cualquier objeto grande e independiente
  - Una pared en blanco
  - Una pantalla de proyección en su altura más baja (aún puede ser demasiado alta)
  - Una sábana colgada sobre un perchero con ruedas.
- Fuente de luz
  - Proyector LCD
  - Retroproyector
  - Cualquier fuente de luz muy fuerte
- Materiales de construcción (ver sección de Construcción y Apéndice)
- Materiales transparentes de colores
  - piezas/tiras de magnetos
  - Láminas de celofán
  - Hojas cortadas de carpetas de archivos de colores claros
  - Bloques con centros claros
  - Plástico de burbujas
  - ¡Usa tu imaginación!

Su hijo puede construir como lo haría normalmente, pero frente a la pantalla de sombra. Cuando enciendes la fuente de luz, sus estructuras cobran una nueva vida en la sombra. Anímelo a construir y referirse a las sombras que está haciendo. Sugiero que intente esto solo después de que su hijo haya tenido muchas oportunidades de jugar con las sombras y su cuerpo, ya que necesitará explorar el medio físicamente antes de estar listo para representar con él.

Cuando el sol entra resplandeciente en una habitación, invite a su hijo a construir con materiales transparentes de colores en una gran hoja de papel blanca.

Trazando sombras

Necesitas:

- Un día soleado
- Tiza para utilizarla en la acera/pavimento
- Objetos tridimensionales que proyectarán una sombra, como una flor en una maceta, animales grandes de plástico o una estructura que su hijo construya con unos pocos bloques o rocas. También puede proporcionar algunos que proyecten diferentes sombras, como un colador o un frasco de plástico transparente.

Su hijo puede colocar objetos para crear sombras interesantes y luego trazarlos sobre el pavimento. Si lo dejas todo allí y vuelves a él más tarde, tendrás la hermosa provocación de ambos objetos en el mismo lugar y la superficie en el mismo lugar, ¡pero sombras en otro lugar!

Una niña ha alineado animales modelo con un plan para trazar sus sombras. Ya ha hecho algunos intentos, pero, no satisfecha, ha relanzado su plan y lo está intentando de nuevo.

Los niños trazan las sombras de los demás en un día soleado

Hacer una casa oscura

"Oscuro" puede parecer un poco peligroso para los niños pequeños. Cuando se les ofrece su propio espacio oscuro y se les arma con una linterna o dos, pueden experimentar el poder de vencer ese peligro (y su miedo). Si invita a su hijo a representar de alguna manera su experiencia en la "casa oscura" (hablando de ella, dibujándola, etc.), el proceso cognitivo puede regular aún más la emoción de la experiencia. Esto se suma al conjunto de recursos personales de su hijo y puede hacer que se sienta más grande y con más control de su mundo.

Una casa oscura también les da a los niños la oportunidad de participar en investigaciones sobre la luz y cómo funciona. Dos linternas son mejores que una, para que su hijo pueda experimentar con lo que sucede con la luz y las sombras cuando un rayo se une a otro. Su hijo puede explorar cómo la distancia entre la fuente de luz y la superficie afecta el rayo y la sombra, cómo múltiples fuentes de luz crean múltiples sombras y muchos otros conceptos. Use su imaginación para proporcionar materiales y accesorios en la casa oscura, agregando con el tiempo a medida que aumenta la participación de su hijo.

Para hacer una casa oscura, cubrimos el cubículo completamente con tela que bloquea la luz. Puede crear el mismo efecto debajo de una mesa de cuatro patas cubriéndola con tela opaca, cartón o papel negro. Si tiene una habitación pequeña (como un baño) sin ventanas, eso también funcionaría.

Niños involucrados en la investigación en una "casa oscura"

Reflexión

Los espejos son un regalo para los ojos y la mente. Los bebés aprenden a reconocerse a sí mismos en los espejos, los niños pequeños reflexionan sobre sus propias acciones a través de sus reflejos y los niños mayores exploran cómo funciona la reflexión cuando hay espejos en su entorno. Prueba a poner un espejo irrompible en el suelo. O unir dos espejos, colocarlos sobre una mesa y ofrecer pequeños bloques o tapas de plástico para que su hijo pueda construir frente a los espejos. O junte tres espejos para crear un caleidoscopio.

Los niños investigan los reflejos de la luz solar y un CD.   *Tres espejos unidos como un caleidoscopio crean un salto para el ojo y la mente.*

Espejos pequeños y portátiles colocados en una habitación con ventanas en un día soleado invitan a explorar el reflejo proyectado en paredes y techos mientras su hijo los sostiene en diferentes ángulos. Incluso una camisa o un juguete con lentejuelas pueden proyectar maravillosos puntos de luz alrededor de una habitación.

Física e Ingeniería

Uno de los propósitos del juego de los niños es comprender el mundo-cómo interactúan las personas en su sociedad, cómo dominar las emociones aterradoras o confusas y cómo funcionan las leyes de la física, por ejemplo. Las actividades preferidas durante mucho tiempo de los niños, como columpiarse, caminar sobre muros bajos y construir con bloques, se inclinan mucho hacia la exploración de conceptos como el movimiento perpetuo, la fricción, el equilibrio, las relaciones matemáticas y la gravedad.

Las Rampas y las Pelotas

Las rampas y las pelotas ofrecen a los niños un terreno rico para investigar sobre la fuerza, la gravedad, la velocidad y la fricción. Los niños más pequeños pueden explorar una rampa y una pelota blanda. Los niños mayores pueden trabajar con múltiples rampas, muchos tipos de pelotas y piezas sueltas (loose parts) para agregar complejidad a la experiencia. Eventualmente, su hijo puede avanzar a la fabricación de sofisticadas máquinas Rube Goldberg. Las posibilidades de juego y aprendizaje son infinitas. Equipar tal juego es bastante simple.

Necesitas:

- Pelotas pequeñas (lo mejor es una variedad de materiales y tamaños: goma, madera, pelotas de golf, canicas y lana son buenas opciones).
- Varias longitudes de tubos de plástico y / o molduras de cala, disponibles en cualquier tienda de mejoras para el hogar
- Tubos de embalaje de cartón largos y resistentes y / o tubería de PVC de varias longitudes con diámetros lo suficientemente grande para al menos algunas de sus bolas
- Si tiene la suerte de tener o encontrar un tubo transparente lo suficientemente ancho para acomodar sus bolas, mucho mejor.

- Algunas cajas, bloques, o sillas para soportar las rampas. También puede hacer agujeros a varias alturas en una caja más grande para hacer una "caja de queso suizo". Su hijo puede apoyar un extremo de una canaleta en cualquiera de los agujeros de la caja para hacer su rampa.

Elija materiales teniendo en cuenta la edad de su hijo. Las bolas pequeñas pueden representar un peligro de asfixia para los niños que probablemente se las lleven a la boca. Las pelotas de lana natural son perfectas para los más pequeños. Para los niños mayores, cuanto mayor sea la variedad, mayores serán las posibilidades de investigación. También puedes proporcionar autos, pero en mi experiencia, el juego puede ser más un juego dramático con autos que una experimentación con lo que permiten las rampas.

Una caja de queso suizo

Simplemente proporcione los materiales y su hijo lo tomará desde allí. Es posible que desee demostrarle a un niño pequeño que puede combinar la rampa y la pelota, pero los niños mayores descubrirán qué hacer por sí mismos. Eventualmente, ellos comenzarán a expandir las posibilidades y a desafiarse a sí mismos usando un sofá, sillas o la mesa para variar la inclinación de una rampa, o encontrar objetos para usar como paradas o barreras.

Una colina proporciona una pendiente para la investigación de rampas y pelotas.

Se trata de una pared de metal, con varias rampas, tapones y anillos magnetizados.

Mommy, they're taking away my imagination!

Estos niños están creando sistemas con rampas, pelotas y bloques.

Materiales para jugar con rampas y pelotas, todos hechos en casa o encontrados (por ejemplo, el estante es en realidad un estante para vinos) en uso en una escuela pública de Título Uno donde los fondos para tales materiales no están disponibles.

Reacciones en Cadena

Una vez que la imaginación de los niños es capturada por rampas y pelotas (es decir, el movimiento de objetos sin que el niño ejerza fuerza), las reacciones en cadena son una progresión natural. Su hijo puede comenzar colocando bloques idénticos en los extremos como fichas de dominó y, empujando solo el primero, disfrutando de la reacción en cadena a medida que caen en secuencia. Con el tiempo, es posible que desee agregar diferentes niveles, bolas y efectos especiales para hacer creaciones de Rube Goldberg.

Escanee el código QR para: ejemplos fáciles de Rube Goldberg

Es posible que desee visitar Kodo Kids (www.kodokids.com); sus productos son caros, pero hermosos. El sitio le dará ideas sobre posibilidades con rampas y pelotas, así como otros materiales abiertos para jugar (por ejemplo, tienen una rampa de goma que puede agregar un componente cuesta arriba a una rampa, invitando al niño a pensar en fuerza e inclinación de una manera más profunda).

Los niños descubren el poder del impulso. Experimentan con la colocación de una rampa de goma, tratando de hacer que la pelota vaya cuesta arriba después de que cobra impulso cuando va hacia abajo.

Invención e ingeniería

Cuando hablamos de ingeniería con niños, nos referimos al proceso mediante el cual diseñan y crean estructuras, máquinas o inventos. Estas cosas ocurren en el juego, por supuesto, y no necesitamos imponer ninguna estructura en particular en ese juego. Pero a veces tenemos oportunidades para ayudar a los niños a experimentar el lenguaje y el proceso de diseño de una manera más científica.

Fabricando

Crear a partir de materiales encontrados / reciclados es una maravillosa experiencia de pensamiento. Un aspecto de los retoques para los niños pequeños es crear algo permanente (es decir, pegado o pegado con cinta adhesiva) con los materiales encontrados. Esto podría significar asaltar la papelera de reciclaje y crear a partir de lo que se encuentre. Debido a que esto generalmente implica cierta habilidad con la cinta, los niños más pequeños probablemente pasarán algún tiempo explorando las posibilidades de "pegarse". Dele a su niño pequeño una superficie (¿cómo una caja grande?) Y tiras de cinta adhesiva para que se mueva de un lugar a otro. Al hacer esto, está construyendo una teoría de cómo funciona la cinta para que luego pueda usarla para construir. Una vez que su hijo comprenda la cinta y cómo funciona, puede comenzar a usarla para pegar las cosas. Por ejemplo, necesitará entender que, si coloca dos objetos uno al lado del otro, la cinta debe adherirse a ambas piezas si permanecen juntas. Aprenderá esto cuando aplique cinta adhesiva a una sola pieza y sus expectativas de que las piezas se pegarán se desvanecen. Trate de ayudarlo solo si comienza a frustrarse (no espere demasiado, pero tampoco asuma que no se dará cuenta). Su papel en ese proceso es proporcionar materiales y herramientas según sea necesario y ayudar solo si la frustración se avecina.

Unir cosas bidimensionales es mucho más fácil que unir cosas tridimensionales. Pegar objetos tridimensionales juntos requiere un conjunto de habilidades propio. Cuando los niños comiencen a juntar objetos tridimensionales, como cajas de pañuelos, tubos y otros materiales reciclados, harán lo que hacen cuando trabajan por primera vez con cualquier medio: explorarán las posibilidades. ¿Qué harán estos materiales y qué me dejarán hacer? Es probable que el acto físico de adherirse y la atracción seductora de los materiales consuman la atención del niño al principio.

Con el tiempo, sin embargo, su hijo comenzará a declarar la intención de hacer algo. Es en ese momento que puede invitarla a trazar un plan de lo que quiere hacer. Mientras discute el plan dibujado, ella puede pensar en los materiales que quiere usar. A medida que construye, puede consultar su plan: ¿va como había pensado? ¿Necesita hacer cambios en su plan?

Recuerdo un proyecto que hicieron dos pequeños grupos de niños de jardín de infantes en una escuela pública en la que yo estaba consultando. A principios de año, los niños se inspiraron en una caja en el aula y preguntaron si podían usarla para hacer un robot. Los niños tenían pocas experiencias previas con cualquiera de los materiales que eligieron, incluida la cinta. Aun así, perseveraron y construyeron un robot con el que quedaron satisfechos. El robot se exhibió en el aula, pero después de varios meses, empeoraba por el desgaste. "¿Debería tirarlo?" me preguntó la maestra. Le sugerí que preguntara a los niños. Cuando lo hizo, se sorprendió de que los niños insistieran en volver a intentar construir un robot. Para entonces, los niños eran más competentes con la cinta y con el trabajo en tres dimensiones. Su plan era más complejo (dos robots, una niña robot y un niño robot) y detallado, y los robots resultantes eran mucho más satisfactorios para los niños. Este es un ejemplo de la reiteración del proceso de ingeniería. "Fracasar hacia adelante", dicen, porque el éxito nace del fracaso.

Robot número 1, creado por niños de 5 años, la mayoría de los cuales nunca lo habían retocado.

Máquina de golosinas para perros, creada por un niño de cinco años con cierta experiencia en retoques

Dos niños colaboran para construir una televisión con tubos de cartón.

El proceso de ingeniería (para niños con la intención de hacer algo específico):
Tener una idea:
- *Construya un plan (generalmente mediante dibujos)*
- *Crear un prototipo (para los niños pequeños, esta suele ser la única versión).*
- *Revisión: ¿Hace esto lo que yo quiero que haga? Para los niños pequeños, a menudo se trata más de explicar la creación y cómo funciona y, a veces, descubrir algo que "falta" o que no está bien adherido. A veces, este paso implica obtener comentarios de los compañeros.*

Retomar: revise o, a veces, comience de nuevo.

El proceso es cíclico, se repite hasta que los niños estén satisfechos.

Al trabajar con niños de cuatro y cinco años, a menudo les pedimos que dibujaran un plan para su invento, articularan de alguna manera qué materiales necesitaban y luego comenzaran a construir. A veces, el motivo de una invención es que el niño ha identificado un problema.

Por ejemplo, cuando Tristan estaba en el jardín de infancia, inventó y dibujó una máquina que serviría como brazo y mano extra para su maestra (incluido un reloj en su brazo), porque percibió que ella estaba demasiado ocupada y que necesitaba ayuda.

A los niños nunca les agrada cuando deben dejar de jugar y limpiar. Un grupo de niños de preprimaria decidió hacer algo al respecto. Ellos inventaron una máquina para recoger juguetes para hacer el trabajo por ellos. Para estos niños de cinco años, ajustamos el proceso de ingeniería. Dibujaron planos, negociaron sobre si la máquina se vería humana o no, determinaron qué materiales usarían, construyeron el robot (incluidos los "mecanismos" internos hechos de engranajes, alambre y una ranura para monedas), resolvieron problemas en el camino y presentaron el producto terminado a otros. El proceso no fue tan formal como podría haber sido para los niños mayores, pero tenía todos los componentes tanto de ingeniería como de invención.

Imágenes de dos niños de cómo debería ser una máquina para recoger juguetes. Este fue uno de los muchos temas de negociación involucrados en el proceso de fabricación de la máquina.

Los creadores de la máquina para recoger juguetes demuestran cómo funciona. Pagas dinero, los engranajes comienzan a funcionar para hacer que las plumas en la parte superior generen viento y el viento succione los juguetes a través de los tubos en forma de brazo.

Si estás en casa con un niño, él no tendría la oportunidad de negociar con otros sobre un invento como este. Pero estos son elementos de invención e ingeniería que son posibles.

- Percibir un problema y tener la iniciativa de hacer algo al respecto.
- Diseñar una solución. Si su hijo usa el dibujo como lenguaje, puede dibujar un plan y hablarlo con usted.
- Materiales de negociación. En la historia de la máquina para recoger juguetes, los niños pensaron que el metal podría ser el mejor material para construir. Tuvimos que negociar eso porque no teníamos suficiente metal en la escuela. La solución de los niños se basó en la realidad: cajas pintadas para que parecieran de metal y "brazos" de metal. Esta es una negociación en la que puede involucrarse con su hijo en función de lo que tiene, lo que es práctico y seguro, y lo que está dispuesto / puede conseguir.
- Construcción de la invención
- Probándolo. Por supuesto, muchos inventos de niños pequeños funcionan solo con la adición de su pensamiento mágico. Su trabajo prin-

cipal aquí es ayudar a su hijo a darse cuenta de su intención. No lo hagas por él, pero ayúdalo donde (y solo donde) necesite ayuda. No coloque sus estándares/expectativas en su producto, apóyelo hasta que esté satisfecho.

- Relanzamiento. Si su hijo no está satisfecho con los resultados. Eso podría parecer una verdadera insatisfacción. También podría parecer que su hijo está contento con su invento, pero luego se da la vuelta y quiere volver a hacerlo.

Responder a las Expresiones de Curiosidad de su Hijo

La forma en que responda verbalmente a la expresión de curiosidad de su hijo determinará si permanece involucrado en su investigación y en la conversación o si pierde interés y si participa en una conversación o le responde con una palabra.

En vez de: "¿Por qué se derrumbó tu edificio?"
Tratar: "¿Qué pasó?"

En vez de: "¡Eww, un sapo!"
Tratar: "¡Casi no vimos ese sapo! ¿Quieres quedarte y verlo? "

En vez de: "Papá está ocupado ahora".
Tratar: "¿Te gustaría dibujar lo que ves y hablaremos de ello más tarde, cuando haya terminado con mi llamada telefónica?"

En vez de: Pisar la araña
Tratar: Ayudar a su hijo a atraparlo y dejarlo salir, donde "preferiría estar". Luego, deje que su hijo observe la araña un poco para ver qué hace.

"La imaginación es más importante que el conocimiento. El conocimiento es limitado. La imaginación rodea al mundo"

- Albert Einstein

6 Más Invitaciones para la Imaginación

Imaginación e Intelecto

La imaginación y el intelecto están indisolublemente unidos. Sin embargo, junto con la imaginación, el crecimiento del intelecto requiere un pensamiento flexible y flexibilidad emocional. La flexibilidad de pensamiento y la flexibilidad emocional son subproductos (y metas) del tipo de juego imaginario y representación sugeridos en este libro. Esta flexibilidad permite a un individuo (niño o adulto) participar en la resolución creativa de problemas, ser persistente, seguir los planes, pensar en un plan B cuando el plan A falla, inventar y, en general, ser un individuo pensante. ¿No es esto lo que queremos para nuestros hijos? Aquí hay algunos juegos que puede jugar con su hijo que fomentan la flexibilidad cognitiva y emocional.

Canciones

Cambiar la letra de canciones conocidas o cantar canciones que requieran una respuesta creativa.

Por ejemplo, Con la melodía de "Aquí va la ronda de la morera" (Here we go round the mulberry bush), canta:

> ¿Qué harías si te diera una cuerda?
>
> Te doy una cuerda
>
> ¿Te dio una cuerda?
>
> ¿Qué harías si te di una cuerda?
>
> El niño canta la última línea
>
> Me gustaría _____

Luego él te canta y tienes que pensar en otra forma de usar una cuerda. Y así. Esta canción es mejor cuando se canta una y otra vez; y cada vez tienes que idear nuevas formas de usar la cuerda. Puedes preguntarte qué harías con una cuerda, un agujero, una piedra, una cuerda, una caja, un papel, un diente-cuanto más creativo mejor.

Un ejemplo de cómo cambiar las palabras de una canción:

> Suponiendo que su hijo sepa "María tenía un corderito" (Mary had a Little Lamp), cante "María tuvo un poco de _____" e invite a su hijo a decidir qué debería tener María. Por ejemplo, si él dice, "pato", el resto de la canción tiene que ser sobre el pato. "Mary tenía un patito, un patito, un patito, Mary tenía un patito, su pico era anaranjado como _____." Y así seguir.

Juega el Juego de Garabatos

Usted dibuja un garabato y su hijo dibuja para convertir el garabato en algo. Luego él dibuja el garabato y tú lo conviertes en algo. También puede hacer esto con letras o números grandes.

Cambios

Juega "¿Qué conoces que pueda cambiar?"
Su hijo nombra todas las cosas que sabe que cambian y explica cómo cambian. Por ejemplo, una oruga se convierte en mariposa; una sombra cambia de tamaño porque el sol se mueve; una hoja cambia de color en otoño; una boca cambia porque pierde los dientes.

Imagínese "día opuesto". ¿Cómo serían diferentes las cosas? Por la mañana te acostarías. Cenarías para desayunar. Y así.

Perspectiva

En el automóvil, en el baño, cada vez que tienen la atención total del otro, estos juegos de conversación son divertidos y fomentan la flexibilidad de pensamiento.

"¿Qué sería un gigante para una jirafa?" ¿Qué sería de un gigante para una hormiga? " etc.

"¿Qué podría ser una casa para un ratón?" "¿Qué podría ser una casa para un hada?" (tenga en cuenta que esto no es una casa para un ratón, sino lo que podría ser)

"¿Qué crees que está pensando esa mariposa / el viento / el gusano?"

"Si el hambre / la tontería / la frustración fuera un color, ¿de qué color sería?"

Cualquiera de los anteriores ejemplos también se puede cambiar. Por ejemplo, en el juego de la casa, si digo "cáscara de nuez", su hijo puede pensar en lo que podría hacer de una cáscara de nuez un hogar. O en el juego de los gigantes, si dice "ratón", su hijo puede pensar en lo que consideraría al ratón como un gigante.

También puedes jugar con la teoría del pensamiento. Por ejemplo, podrías preguntar: "¿Qué crees que está pensando esa mariposa / el viento / el gusano?"

Tristan y yo solíamos jugar al juego de "te amo más". Nos turnábamos para decir: "Te amo más de lo que el águila ama al cielo" o "Te amo más de lo que la ola ama al océano", pensando en un nuevo "Te amo" para cada turno".

Transformaciones

Atender las transformaciones requiere flexibilidad de pensamiento. Cocinar tiene que ver con la transformación: la harina, agua, y la mantequilla se convierten en una base de pastel, por ejemplo. Cuando usted involucra a su hijo en cocinar y hornear, experimenta transformaciones, especialmente si lo involucra en una conversación sobre los cambios que ha presenciado. Aquí hay otras formas de jugar con la transformación.

Este niño transformó su imagen en personajes de "Frozen".

Transformando el yo

Pegue una foto de cuerpo entero de su hijo en cartulina. Invítelo a transformar su imagen en un personaje que le guste. Haga que se levante doblando un sujetapapeles grande a 90 grados y pegando el lazo corto en la parte de atrás de la cartulina en la parte inferior. O adjunte la foto transformada a un bloque para jugar.

Otra forma de animar a su hijo a verse a sí mismo de una manera nueva es invitarlo a crear una máscara que sea parte de ella y que no lo sea. Para ello, necesitará una fotografía en primer plano del rostro de su hijo mirando directamente a la cámara. Imprime la fotografía (siempre lo hicimos en blanco y negro) en el tamaño real que puedas. Sujeta un trozo de acetato (plástico rígido y transparente) a la fotografía. Invite a su hijo a trazar primero la forma de su rostro y luego los rasgos (ojos, nariz, boca) con un bolígrafo Sharpie negro. Este puede ser un buen desafío, ya que es posible que su hijo quiera dibujar el tipo de rostro que suele dibujar, en lugar de trazar lo que realmente ve. Déjelo comprobar para asegurarse de haber dibujado todas las partes que necesita levantando el acetato y revisando su dibujo sin la fotografía detrás. Cuando esté satisfecho de haber dibujado todo, puede agregar color y disfrazar su imagen de la forma que quiera. Esto se convertirá en una máscara que, debido a la naturaleza transparente del acetato, se parecerá un poco a él y un poco no se parecerá a él.

Transformando colores

Coloque un vaso de plástico transparente medio lleno de agua sobre una superficie impermeable. Dele a su hijo un gotero y pequeños frascos de acuarela líquida. Puede experimentar cómo se transforma el agua cuando agrega un color y cómo se transforma nuevamente cuando agrega un color diferente. Anímelo a nombrar cada color que él ha creado. Con el tiempo, el agua estará "asquerosa", momento en el que podrá tirarla y empezar de nuevo. Los niños mayores pueden registrar sus hallazgos a través de dibujos (es decir, el rojo y el azul se vuelven morados). O puede ampliar esta experiencia ofreciendo filtros de café. Una vez que su hijo tenga un color que le guste o que nunca haya visto antes, puede colocar un poco del color en el filtro y ver cómo se extiende. Cuando se seque, tendrá un registro tangible de sus experimentos. Los niños más pequeños pueden tener problemas con el gotero, en cuyo caso es posible que deba llenar el gotero para que puedan exprimir el líquido.

¿Qué otras ideas pueden pensar su hijo o usted para la acuarela líquida, el agua, el gotero y filtros?

Kirigami

Kirigami es el arte japonés de doblar y cortar papel. He descubierto que ayuda a los niños a liberarse de las expectativas, porque no puedes predecir lo que obtendrás cuando abras el papel al final. Era útil cuando un niño tenía un nivel de satisfacción demasiado alto y nunca estaba satisfecho con sus esfuerzos. Con kirigami, simplemente no puedes saber lo que obtendrás.

Necesitas:

- Papel de origami o papel normal de cualquier color.

    Intente cortar el papel en un cuadrado al principio. Más tarde, su hijo puede experimentar con círculos o rectángulos.

Muéstrele a su hijo cómo doblar el papel, de esquina a esquina opuesta, sujetarlo y doblarlo. Dobla de nuevo en diagonal y pliega, y así sucesivamente. Puede doblar el papel tantas veces como quiera. Cuantas más veces lo doble, más elegante será su kirigami. Sin embargo, si lo dobla demasiadas veces, tendrá dificultades para cortar las capas.

Cada vez que se pliega, debe doblar de esquina a esquina y doblar bien el doblez.

Luego corte formas pequeñas en todas las capas, teniendo cuidado de dejar algo de espacio entre las formas de los cortes. Los niños a menudo comienzan haciendo cortes únicos y los resultados no les inspiran. Muéstrele a su hijo cómo puede cortar una pequeña forma cada vez para que el resultado cuando se desdobla el papel sea una forma y no solo una hendidura.

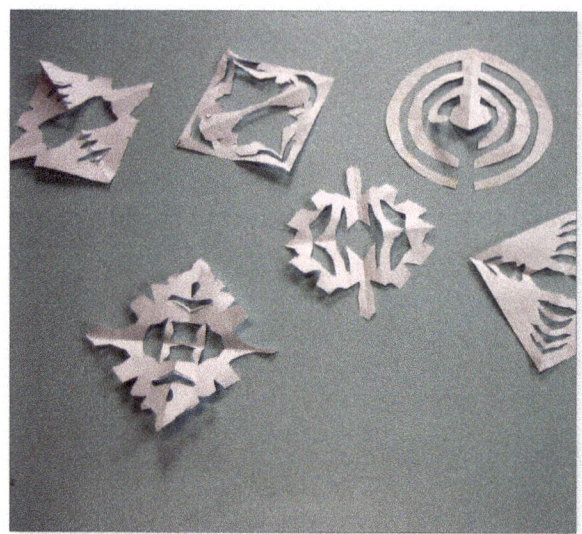

Narración Colaborativa

Necesitas:

- Lo que necesitas: nada para jugar, pero una aplicación de grabación de voz en su teléfono podría ser bienvenida.

Este es un gran juego para jugar en el automóvil, cuando está esperando en algún lugar o antes de acostarse. Dice así:

> Papá: Érase una vez un ...
> Niño: ¡Dragón!
> Papá: Quien era muy ...
> Niño: ¡Triste!
> Papá: Porque ...
> Niño: Quería un amigo, pero su mejor amigo se mudó a Chicago.
> Papá: Entonces un día él ...
> Niño: Fui a buscar un amigo. Pero no pudo encontrar uno y no pudo encontrar uno.

> Papá: Pero entonces …
> Niño: Un niño caminaba por la calle. El dragón dijo: "¿Serás mi amigo?" El niño dijo: "Sí, si no me disparas".
> Papá: Entonces están caminando juntos por la calle y …
> Niño: ¡Vino un monstruo!
> Papá: El monstruo …

Y así. Cuando hay dos o más niños jugando con uno de sus padres, se requiere una flexibilidad mental y emocional aún mayor, porque la historia puede no ser como esperaba uno de los niños. Este juego puede resultar en historias que se pueden adaptar a obras de teatro o espectáculos de marionetas o una colección de historias de su hijo, tal vez incluso ilustradas.

"Así es en muchas situaciones, especialmente cuando uno plantea desafíos, los niños nos muestran que saben caminar por el camino de la comprensión. Una vez que se ayuda a los niños a percibirse a sí mismos como autores o inventores, una vez que se les ayuda a descubrir el placer de la indagación, su motivación e interés explotan"

- Loris Malaguzzi (p. 44)

7 Preguntas Frecuentes

¿Qué Pasa con la Lectura y la Escritura?

¿Dónde está el aprendizaje de la alfabetización en todo esto? El niño con la mente despierta, fomentado por todo lo que hay en este libro, probablemente encontrará los esfuerzos académicos naturales y aprenderá sin problemas, siempre que haya invitaciones en su entorno. Es decir, si le lee a su hijo todos los días, responde a sus preguntas sobre la letra impresa, le permite verlo leyendo y escribiendo y pone a su disposición libros y materiales para escribir, así como recursos como un alfabeto para que lo use como referencia, él quiera aprender a leer y escribir. Ese deseo proviene tanto de un rico entorno como de su estado de desarrollo. Cuanto más placer y poder experimente el niño de las experiencias de alfabetización, más querrá comprometerse con la letra impresa. Por lo tanto, no se necesitan tarjetas didácticas ni libros de lecciones. Estos pueden resultar contraproducentes. Piense más en:

- Leer todo tipo de libros en el regazo ... libros de cuentos, no ficción, libros de rimas, poesía, etc. Proporcione una variedad de géneros, niveles de sofisticación y deje que su hijo elija qué libro leer con frecuencia. Lean juntos todos los días si pueden.
- Desarrollar el lenguaje a través de una conversación real.
- Contar historias colaborativas
- Dejar que su hijo vea actividades de alfabetización en la vida real
- Dibujar y dictar cuentos. Después de que su hijo haga un dibujo, pregúntele si le gustaría que le escribiera su historia. Cuando escribe la historia de su hijo tal como la cuenta, puede "pensar en voz alta" de vez en cuando, diciendo: "Playa ...p, p, p ... La playa comienza con P" mientras la escribe. Una vez que se sienta cómodo con la creación de estas historias, puede empezar a escribir. Pregúntele: "¿Cuál es la palabra más importante de su historia?" y ayúdalo a escribirlo. Si no sabe cómo escribir ninguna de las letras, puede escribir la palabra en una tarjeta y él puede copiarla (o escribirla con marcador amarillo y

él podrá trazarla). Si conoce algunas letras, puede dictar las letras y proporcionarle una tira del alfabeto para usar como referente. Una vez que sepa algunos sonidos de consonantes, puede escribir las palabras como suenan. A medida que su hijo se sienta cómodo escribiendo una palabra para cada cuento por su cuenta, puede empezar a escribir dos palabras y luego tres. Con el tiempo, es probable que te deje de lado y escriba sus historias por sí mismo. Continúe introduciendo sus escritos escuchando y escribiendo su historia para él hasta que esté escribiendo sus propias historias; no querrás perder el aspecto narrativo de la escritura en el proceso de adquisición de la mecánica de la escritura por parte de tu hijo.

- Pintar y dictar historias

- Hacer letreros para estructuras de bloques, etiquetas para contenedores de almacenamiento o lo que sea en la casa podría usar un letrero para propósitos reales o de juego. Su hijo puede escribir todo lo que pueda por sí mismo; puedes ser su "sous escritor/ escritor subordinado".

- Escribir leyendas en el diario de su hijo. Una vez más, puede escribir para su hijo antes de que él pueda hacerlo él mismo, pero introdúzcalo en el proceso, mostrándole lo que hacen los escritores, preguntándole con qué comienza una palabra si cree que él sabe, y así sucesivamente. Cuando sepa letras, él puede dictarle las letras de las palabras que quiere escribir.

- Atender los pedidos de la gente en el restaurante de juegos dramáticos. ¡Esto lo escribe él mismo!

- Hacer libros (consulte la sección sobre Oportunidades para dibujar)

- Responder sus preguntas sobre letras, sonidos, palabras y lo que hacen los lectores.

- Pídale a un bibliotecario para niños que lo dirija a libros al nivel de lectura de su hijo, comenzando con pre-emergente (tal vez una palabra en una página que corresponda a la imagen), emergente (texto predecible, probablemente repetitivo con lenguaje natural e imágenes que corresponden a el texto), y así sucesivamente. El bibliotecario debería poder guiarlo si le dice lo que está haciendo su hijo. Sugiero limitar fonéticamente los textos regulares; Para que todas las palabras del libro encajen en un patrón fonético, no tienen un lenguaje natural y el niño no puede usar lo que sabe sobre el lenguaje para descifrar el texto.

Los lectores aprenden a leer leyendo y los escritores aprenden a escribir escribiendo. El truco consiste en saber cómo ayudar a un no lector a comenzar a leer (eligiendo al principio aquellos libros predecibles, repetitivos y / o con rimas, por ejemplo) y a un no escritor a comenzar a escribir (ver dictado de historias, más arriba).

> *Si su hijo está en la escuela, lo más probable es que comience a leer en el jardín de infantes o en el primer grado. Sin embargo, el rango para comenzar a leer es entre los 4 y los 8 años y es muy individualizado. El niño que aprende en casa puede aprender a leer según su propio horario. Pero el niño en la escuela que no lee de acuerdo con el horario de la escuela es probable que experimente sentimientos de insuficiencia, pierda la confianza y tenga dificultades para participar en lo que otros niños están haciendo. Esto puede crear dificultades de lectura donde, en realidad, solo hubo diferencias en el horario del niño debido al desarrollo y / o interés. Independientemente de la situación de aprendizaje de su hijo, las sugerencias aquí pueden ayudarlo a lograr la alfabetización de una manera natural, decidida y alegre.*

¿Qué Pasa con las Matemáticas?

Las matemáticas son el estudio de las relaciones espaciales y numéricas. Gran parte del juego de los niños requiere que inventen esas relaciones. Sí, los niños necesitan saber los nombres de los números y su apariencia, pero esa es una pequeña fracción del conocimiento matemático. Todo lo demás tiene que ser construido mentalmente por el alumno. Sabemos que la mejor manera para que los niños construyan este conocimiento es a través del juego. Cuando su hijo clasifica su colección de rocas, conchas u hojas, está creando conjuntos. Cuando se da cuenta de que necesita un plato más si cada una de sus muñecas tiene un lugar en la mesa, está comparando. Cuando hace una serpiente de bloques con la intención de que abarque la habitación, está midiendo. Su trabajo de padre, como facilitador de aprendizaje, es 1. Darse cuenta 2. Ofrecer lenguaje matemático ("¡Oh! ¡Estás CLASIFICANDO las hojas!" O "¿Necesitas una MÁS?") Y 3. Estar preparado para proporcionar más o alternativas materiales si es necesario. Si su hijo ha desarrollado una comprensión lo suficientemente profunda de que dos más dos son cuatro, le será fácil representar la idea simbólicamente (2 + 2 = 4) más adelante. Esa profundidad de comprensión proviene de muchas experiencias con relaciones matemáticas a través del juego y las experiencias del mundo real.

Tú también puedes:

- Juegue juegos de contar que requieran que su hijo construya una correspondencia de uno a uno entre un número y un objeto. Por ejemplo, cuente los pasos gigantes que dan juntos en su camino hacia el automóvil. La próxima vez, cuente cuántos pasos de bebé.

- Esté atento a las oportunidades para ayudar a su hijo a asociar la cantidad con el número. Para contar objetos, él tiene que construir el entendimiento de que puedes nombrar cuántos objetos tienes diciendo el número en el que te detuviste cuando estabas contando, p. Ej. "Uno, dos, tres, cuatro proyectiles. Tienes CUATRO caparazones ". Si prestas atención, notarás innumerables oportunidades para contar a lo largo de la vida diaria.

- Juega "¿Quién tiene más?" Puedes jugar a este juego de muchas formas. Una forma es que cada jugador agarre un puñado de algo (papas fritas, Legos, rocas, dulces) de una bolsa o caja. Cada jugador primero estima si él tiene más o menos objetos que los otros jugadores. A los niños con más experiencia con los números también les gustaría estimar cuántos tienen sin contarlos. Luego, todos cuentan los objetos por turno (el jugador señala o mueve cada objeto y dice los números; los demás dicen los números con él). Puedes llevar este juego tan lejos como quieras, quizás incluso graficando o registrando de otra manera los números de cada ronda, o sumando los objetos de todos y contando.

- Invente sus propios juegos de matemáticas. Mejor aún, ¡anime a su hijo a inventar algunos!

¿Qué Pasa si mi Hijo hace Hojas de Trabajo todo el día en la Escuela?

Esto es una realidad para muchos niños, a pesar de que la investigación no apoya la práctica-por eso, ¡el título de este libro! Ningún niño debería sentir que está perdiendo la imaginación debido a la escuela. Si ese es el caso de su hijo, usted querrá asegurarse de que él tenga suficiente tiempo para interactuar con ricos materiales (y su imaginación) en casa. La historia de Tristan es el mejor ejemplo que tengo. Recuerdo que construyó en casa una máquina para atrapar sombras con papel de construcción una noche durante su año de jardín de infantes. ¡Supongo que pensó que esas sombras eran demasiado esquivas! Él y su abuela una vez convirtieron toda su sala en una telaraña gigante, ¡y ella la dejó para que él pudiera continuar trabajando en ella mucho más tiempo del que yo lo hubiera hecho! También vino a verme un día con un CD desechado en el que había colocado un bebé de plástico y me dijo: "¡Mira, mami, estoy navegando por la web!" Mucho después de haber superado los pequeños mundos de los asientos de la ventana, creó pequeñas aldeas bajo un pino extendido. Después de leer "Puente a Terabithia" en tercer grado, él y un amigo crearon un gran mundo para sí mismos en un barranco junto a nuestra casa, al que llamaron "Carabithia". Tenía un hospital, hogares y más elementos de lo que no recuerdo. Hasta el día de hoy, él llama a ese pedazo de tierra "Carabithia". También en tercer grado, escuchó a dos niños discutiendo en una escalera. Más tarde me dijo que sonaba a ópera. Lo que supe después, fue que había escrito un aria (composición de ópera) inspirado en la experiencia y me pidió que se lo anotara. Comenzó y editó un periódico de tercer grado, escribió artículos que pensó que eran de interés periodístico y solicitó artículos y obras de arte a sus compañeros de clase. Su creatividad y capacidad para proponer buenas ideas se extendieron a sus amigos, y aquí es donde un niño muy introvertido encontró su capacidad de liderazgo. Todo esto sucedió fuera de la agenda de su escuela. Una vez que han experimentado conectarse con su imaginación y alimentar su intelecto, los niños se sienten impulsados a continuar, sin importar dónde se encuentren.

La escuela de Tristan no apoyó su estilo de creatividad. Sí, llegó a tocar el violín e ir a la clase de arte en la escuela. Pero esas fueron experiencias dirigidas por adultos. Una buena analogía es la diferencia entre el juego libre en el recreo y los deportes organizados. Ambos pueden tener niños moviendo sus cuerpos al aire libre, pero solo uno proviene del niño y, por lo tanto, solo ese uno conduce a una mente ágil, despierta e inventiva.

¿Cómo Preparará Este Tipo de Educación a Mi Hijo para el Mundo Actual?

Primero, su hijo es un ciudadano del mundo en este momento. No la estamos preparando para vivir en el mundo de hoy, porque él ya vive en el mundo de hoy. Sin embargo, es cierto que debemos prepararnos para participar en la educación de nuestros hijos para el mundo en el que vivirán. En estos días, la información está disponible para cualquiera que tenga un teléfono celular o una computadora. La educación ya no debería consistir en acumular un conjunto de hechos. Lo que los niños necesitan saber ahora es dónde encontrar información y, una vez encontrada, qué hacer con ella. Necesitan pensar de manera crítica y creativa, ser flexibles cognitiva y emocionalmente, tener la confianza, la iniciativa y las habilidades para comunicarse bien, la persistencia para "llevarlo a cabo" y las habilidades sociales necesarias para colaborar y liderar un equipo.

Demasiadas escuelas todavía se centran en los paradigmas curriculares del siglo XIX; Las pruebas de alto riesgo han contribuido a perpetuar esto. Si las escuelas deben producir niños que puedan aprobar pruebas que requieren más regurgitación (arrojar conocimiento) que pensamiento para mantener su financiamiento, un enfoque en el pensamiento crítico, la creatividad y la iniciativa no será una prioridad en la agenda.

La escuela es el lugar perfecto para el tipo de educación que propongo, porque hay grupos de niños en la escuela (¿de qué otra manera se puede colaborar o desarrollar habilidades sociales o de liderazgo sino con otras personas?). Hay algunas escuelas donde se está dando este tipo de educación. Si ha encontrado una, las ideas de este libro pueden ayudarlo a crear una continuación de aprendizaje entre el hogar y la escuela. Si su hijo no está en una escuela de este tipo, puede aprovechar las oportunidades que tiene en casa para hacer un cambio positivo en su vida intelectual.

¿Qué Pasa si Estoy Educando en Casa?

Si está educando en el hogar de forma permanente, querrá encontrar otras formas para que su hijo desarrolle las disposiciones y hábitos mentales que son de naturaleza más social. Tal vez pueda encontrar otras familias que educan en casa a las que les gustaría volver a imaginar la educación de sus hijos de manera similar y encontrar formas para que los niños trabajen en colaboración. Incluso si no es a diario, propongo que, si se le da la oportunidad a un niño de estar con sus compañeros, un niño que tiene muchas buenas ideas tiene más posibilidades de descubrir cómo uno hace sugerencias que no desanimen a la gente o cómo dirigir un proyecto con éxito que un niño que está acostumbrado a que le digan qué hacer en todo momento.

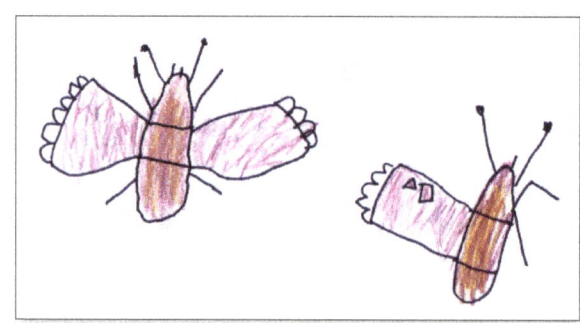

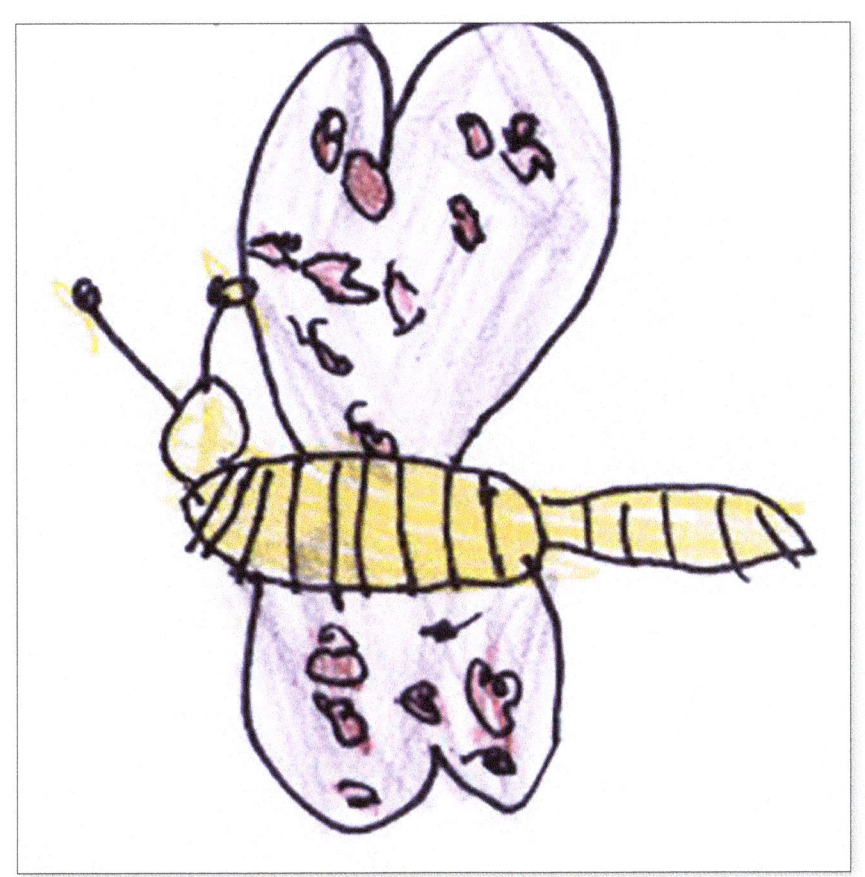

Mommy, they're taking away my imagination!

"... si me pidieran que nombrara la más necesaria de todas las reformas en el espíritu de la educación, diría: 'Dejen de concebir la educación como mera preparación para la vida posterior, y conviértala en el significado pleno de la vida presente'"

- John Dewey

8 Reflexiones Finales

El Poder de la Pasión

Considere por un minuto su imagen/idea de la educación. Probablemente consta de "sujetos", ¿verdad? Inglés, Matemáticas, Historia, etc. ¿Ha considerado que esta podría no ser la mejor manera de organizar una educación? ¿Qué hay puntos en común entre los sujetos y formas de conocimiento que trascienden categorías? ¿Podría ser un mejor uso del tiempo para aprender a obtener conocimiento que para memorizar el contenido que se pierde después de la prueba? ¿Aprender a pensar, a resolver problemas, a perseverar, a planificar y dar seguimiento, a colaborar y pensar con los demás, a imaginar e inventar, a desarrollar una barra de satisfacción personal, a comunicar y articular el pensamiento con confianza? Estas son cosas que se pueden aprender cuando un niño persigue en un nivel profundo lo que le interesa, algo que generalmente no está disponible para él en la escuela. Recuerdo la vez que Tristan, que entonces estaba en tercer grado, expresó su frustración de que "justo cuando algo se está poniendo interesante en la escuela, tenemos que pasar a lo siguiente". Los niños que aprenden en casa no tienen que dejar lo que les interesa.

He oído decir que los niños muy pequeños tienen poca capacidad de atención. En mi experiencia, eso no es cierto. Es posible que tengan un interés limitado con relación a lo que nos interesa a los adultos, pero he observado que muchos niños de tres años pasan largos períodos de tiempo en algo que captura su imaginación y alimenta su intelecto y los niños de cinco años a los que enseñé solían volver a un proyecto de su diseño todos los días durante semanas. Aprendieron más de lo que podría haberles enseñado a través de cualquier plan de estudios tradicional; la amplitud y profundidad de su estudio de lo que más les interesaba era mayor de lo que los adultos habían aprendido a esperar de los niños. Además, a diferencia del currículo escolar tradicional, los proyectos de los niños trascienden la materia. Una larga investigación de la fuente de la nieve con los niños de mi clase, por ejemplo, requirió formular hipótesis, discutir teorías (y aprender a tener conflictos cognitivos sin conflictos emocionales), experimentar (para hacer nieve), fallar, investigar (preguntar a estudiantes mayores cómo se hace la nieve), interactuar con la geometría, escribir, persistir, explorar sombras (para hacer un juego de sombras del crecimiento de un copo de nieve), resolver problemas, prestar atención a los detalles (trazar fotografías de copos de nieve reales) y más. El interés y la investigación de los niños duró muchas semanas - todo el invierno, en realidad, después de la primera gran nevada en varios años en nuestra área, porque les apasionaba la investigación.

En un momento, los niños decidieron preguntarles a los de quinto grado cómo nieva. Estaban seguros de que los niños grandes lo sabrían, porque eran los niños mayores de la escuela primaria. Los estudiantes de quinto grado estaban seguros de que ellos también lo sabrían, porque, como uno nos dijo, "tuvimos eso en el tercer grado". Lo que tuvieron en tercer grado fue exposición a la información; o leyeron los hechos o les dijeron. Al parecer, lo que no tenían en tercer grado eran las experiencias que les habrían ayudado a desarrollar una comprensión profunda de cómo nieva y que no habían estudiado nieve porque les interesara, sino porque estaba en el plan de estudios. ¡Resulta que las teorías de los niños de quinto grado sobre la fuente de la nieve no eran más sofisticadas que las de los niños de cinco años, y los niños de Junior Kindergarten lo sabían! Después de reunirse con los estudiantes de quinto grado y escuchar sus teorías sobre cómo nieva, descartaron las teorías de los niños mayores como inverosímiles y volvieron a la mesa de dibujo. Al final, a los de cinco años se les ocurrió una teoría que los adultos reconoceríamos como casi exacta, una en la que podrían construir a medida que crecían y una que no olvidarían. Muchos años después hablé con uno de los niños de ese grupo, que entonces estaba en el último año de la escuela secundaria. Había elegido su universidad por sus oportunidades estelares de ciencias físicas. Cuando le recordé su papel en la investigación de Snow en Junior Kindergarten, dijo: "¡Ahí es donde comenzó mi pasión por la ciencia!"

Un copo de Nieve Crece…Un Juego de Sombras

Imágenes del juego de sombras, "Como Nieva", en el que niños de cinco años construyeron el crecimiento de un copo de nieve.

Conclusión

Ya sea que esté educando en casa temporalmente, educando en el hogar de manera permanente o simplemente quiera apoyar a su hijo para que aprenda de formas que no están disponibles en la escuela, puede ayudar a su hijo a alimentar su intelecto y desarrollar las disposiciones y hábitos mentales que lo ayudarán. Guarde para siempre el entusiasmo por aprender con el que nació. Y ambos pueden pasar un tiempo maravilloso haciéndolo.

Tu propia postura pasará de decir a escuchar. Desde guiar a caminar junto a su hijo. Desde "enseñar" hasta facilitar, desafiar y proporcionar materiales. Usted se convertirá en un compañero de viaje en el viaje de aprendizaje y, al hacerlo, verá a su hijo desde una perspectiva completamente nueva.

Espero que utilice todo lo que encuentre útil en este libro como inspiración y como trampolín. De ninguna manera podría haber incluido todas las posibilidades. Use su imaginación. Siga la imaginación de su hijo. Sea amable con usted mismo. Recuerda: los profesores más experimentados ofrecen provocaciones que fallan de vez en cuando. Déjame escuchar cómo te va. Quizás podamos iniciar una conversación que vaya más allá de la escolarización. Y sobre todo, nunca deje que su hijo tema perder la imaginación.

Apéndice

Materiales para tener a mano

Papel

Cualquier padre de un niño pequeño ha experimentado el encanto del papel. Pero ¿ha pensado en los tipos de papel que ofrece? Papeles con diferentes pesos, texturas, formas y tamaños sugieren diferentes posibilidades. y diferentes tamaños y formas.

Por ejemplo:

- Papel sin forro
- Cartulina
- Papel de seda de colores
- Papel de construcción
- Papel encerado
- Papel de acuarela
- Papel cuadriculado
- Papel de calco
- Cartón liso y ondulado
- Papel adhesivo transparente

Una niña juega con un trozo de papel de embalaje extralargo, guardado de una caja de envío.

El papel no es el único lienzo adecuado para dibujar o pintar. Piense en:

- CD desechados
- Papel de aluminio
- Plástico transparente (acetato), como el que se utiliza para la proyección de transparencias, disponible en tiendas de suministros de oficina o Amazon.com
- Rocas
- Etiquetas
- Materiales reciclados

Medios de Dibujo

- Marcadores lavables, gruesos y delgados
- Crayones de papel de construcción (¡Se ven en papel claro u oscuro!). Para los niños pequeños, que apenas desarrollan un agarre efectivo, los crayones gruesos son más resistentes.
- Bolígrafos Negros Papermate Flair (que yo llamo "bolígrafos pensantes", porque cuando los niños dibujan con bolígrafos pensantes parecen prestar más atención a la forma, la línea y los detalles que cuando dibujan con otros medios). Los bolígrafos de pensamiento no son lavables.
- Lápices de colores
- Marcadores Sharpies (hacen marcas satisfactorias, pero, como los bolígrafos pensantes, tienen tinta permanente). Los marcadores Sharpies son necesarios si se dibuja sobre papel de aluminio, plástico u otro material liso o brillante.
- Pasteles al óleo
- Tiza (tiza para acera y tiza de color regular)

Pintar

¡Hay tantos tipos de pintura! A continuación, se muestran algunos.

- Acuarela, ya sea en forma de pastel o líquida. Aquí hay una fuente de color de agua líquida
- Temple (a veces, esto se llama pintura para carteles)
- Pintura acrílica (mejor si está pintando rocas o algo que deba ser resistente al agua)
- Pintura de dedos
- Agua. Simplemente pintar una cerca de madera o pizarras en una pasarela con agua puede ser bastante satisfactorio ... y puedes ver cómo desaparece tu pintura a medida que el agua se evapora.

Pinceles

- Me gustan las brochas Royal Brush Big Kids para niños pequeños porque los mangos son cortos y de plástico (en lugar de madera pintada; la pintura siempre parece desprenderse después de algunos lavados) y vienen en muchas dimensiones de anchos. Los niños más pequeños pueden encontrar más satisfactorios los pinceles más anchos. Pero los niños mayores deberán poder elegir un pincel para el tipo de línea que pretenden pintar: ancho para áreas grandes, pequeño para detalles.

Material de Oficina

- Cintas de todo tipo. Mucha cinta. Por ejemplo:
    - Cinta adhesiva (viene en colores y manila lisos)
    - Cinta adhesiva transparente "scotch"
    - Cinta adhesiva
    - Cinta Washi
- Pegamento líquido
- Barras de pegamento
- Grapadora y grapas
- Perforadores
- Tijeras que cortarán papel y tela. Las tijeras para niños de Fiskars con

extremos romos funcionan bien.

- Portapapeles, para llevar el dibujo o la escritura al aire libre o a otros lugares sin mesa.
- Sujetadores (sujetapapeles para poner de pie figuras; sujetadores para sujetar piezas que se mueven)

Arcilla

- Me gusta la arcilla blanca de alfarero a fuego lento sin grog. Puede obtenerlo en línea, pero solo lo pediría si no pudiera obtenerlo en la ciudad o si pudiera obtener una entrega gratuita.

  Consulte la sección sobre arcilla para conocer las herramientas que quizás desee tener a mano.

Telas

Obtengo mi tela principalmente de sobras de costura y tiendas de segunda mano. Podrías querer:

- Telas grandes y drapeadas (las cortinas transparentes son ideales para esto) y pinzas para la ropa o para manteles
- Piezas pequeñas y grandes de tela sólida y piezas con patrones intrigantes
- Tejido con variedad de texturas
- Aquí hay una buena fuente de tela dimensionada para hacer columpios y hamacas que puedan resistir los elementos al aire libre.

Escanee el código QR en busca de: Fuente para tejido resistente de gran formato

Para clips de madera grandes para usar con tela, pruebe Amazon.com.

Cable

- Cable de colores ligero como el cable Twisteez o el cable de "teléfono"
- Alambre de Armadura
- Alambre para Arte
- Limpia pipas (disponibles en varias longitudes y en muchos colores)

Accesorios para trabajar con alambre, disponibles en tiendas de manualidades y online.

- Flores de "seda" que se pueden desmontar. Disponible en tiendas de dólar y tiendas de artesanías.
- Cuentas
- Cuentas de madera grandes para cabezas de hadas.
- Cuentas de poni para hadas de las flores
- Cortadores de alambre para alambre más grueso
- Tijeras especiales para alambre twisteez

Costura

- Telares de cartón. Puede obtener telares económicos
- Telares de madera. Puede obtener un telar económico
- Tiras de tela con diferentes texturas.
- Tiras de celofán
- Materiales naturales
- Una variedad de colores, texturas y anchos de hilo
- Hilo de algodón

Suministros de Construcción

Aquí hay una fuente para bloques unitarios

Piezas sueltas (podrían incluir :)

- Galletas de árbol (rodajas de 1/2 "a 1" de ramas de varios tamaños)
- CD / DVD viejos desechados
- Secciones de ramas de árbol de 1 a 2 pulgadas de diámetro, preferiblemente cortadas para que se levanten
- "gotas" de vidrio (una compra en una tienda de un dólar)
- Flores (reales o "seda")
- Tejido de varios tamaños
- Palitos de helado o depresores de lengua
- rocas
- Tiras de corteza y ramas interesantes
- Conchas
- Trozos de madera de un sitio de construcción (tenga cuidado de que las piezas sean lo suficientemente lisas y no estén tratadas con productos químicos)
- Lana sin hilar en varios colores

Materiales encontrados

- Formas de empaque (como en los qué vienen empaquetados los muebles)
- Cualquier cosa que ingrese a la casa que pueda ser propicia para la construcción, incluidos
- Tapas de botellas de plástico
- Pequeños frascos de plástico
- Conchas
- Palitos de helado
- Carretes de hilo vacíos
- Tubos que vienen dentro de bolsas de caca para perros

- Trozos pequeños de red
- Cualquier cosa pequeña y reflectante (cuadraditos de espejo, papel de aluminio)
- Tubos de cartón pesado de varias longitudes

¡Usa lo que tienes y tu imaginación!

Maravillas de la Ventana

- Fuente de plástico transparente de color

Crear un Código QR para el Portafolio de su Hijo

Steps for putting a video in your child's portfolio

- Pasos para incluir un video en el portafolio de su hijo
- Sube tu video a Youtube o Vimeo.
- Copia la URL de tu video.
- Abra un generador de código QR como https://www.the-qrcode-generator.com
- Pega la URL en el generador.
- Haga clic derecho y copie el código QR que se genera.
- Pegar en Word, Páginas u otra aplicación que le permita imprimir un documento.
- Imprime el código QR para el portafolio de tu hijo.

Mommy, they're taking away my imagination!

Expresiones de Gratitud

Agradezco humildemente a todos los niños a los que enseñé a lo largo de 37 años y a sus padres por emprender este viaje de aprendizaje conmigo. Fueron y siempre serán mis maestros.

¡Estoy muy agradecida con Dory Doyle y Dorothy Suskind por apoyarme en el proceso de redacción y edición! Su amable lectura ha hecho de este un libro mucho mejor.

Gracias a mis jóvenes amigos Audrey y David. Su imaginación es inmensa e inspiradora.

Siempre estaré agradecido a los educadores de Reggio Emilia por darme una imagen de lo que debería ser la educación infantil.

Gracias a mi esposo, Larry, por su paciencia cuando comencé a escribir y lo ignoré, y por tratar de callar a los perros mientras escribía.

Y, sobre todo, gracias a mi madre, Mary Lou, quien fue fundamental para ayudar a Tristan a mantener su imaginación a salvo.

Referencias

Carson, Rachel. *The Sense of Wonder*. New York: Harper and Row, 1965. p 20.

Dewey, John. "Self-Realization as the Moral Ideal" *Philosophical Review* 2 (6):652-664 (1893)

Loris Malaguzzi. History, ideas and basic philosophy: An interview with Lella Gandini in Edwards, C., L. and Forman, G. (Eds.) *The hundred languages of children: The Reggio Emilia Experience in Transformation*. Santa Barbara, CA: Praeger. 2012. p 57 and p 44.

Loris Malaguzzi. *The Catalog of the 100 Languages of Children Exhibit*. Reggio Children. 1996.

Oken-Wright, Pam. "Embracing Snow." In Hendrick, J. *Next Steps Toward Teaching The Reggio Way*. Upper Saddle River, NJ: Merrill Prentice Hall. pp 175-194.

Rinaldi, Carla. www.facebook.com/REA.Interest.Group

Rosin, Hanna. "The Overprotected Kid" *The Atlantic*. April 2014.

"Socrates on Education" StudyMode.com. 05 2011. 2011. 05 2011 <https://www.studymode.com/essays/Socrates-On-Education-704821.html>

Para Leer Aún Más

Christakis, Erika. *The Importance of Being Little: What Preschoolers Really Need from Grownups.* New York: Viking, 2016.

Compton, Michelle and Thompson, Robin. *Story Making: The Maker Movement Approach to Literacy for Early Learners.* Redleaf Press. 2018.

Edwards, Carolyn, Gandini, Lella, and Forman, George, eds. *The Hundred Languages of Children: The Reggio Emilia Experience in Transformation.* 3rd edition. Santa Barbara, CA: Praeger, 2012.

Gopnik, Alison, Meltzoff, Andrew, and Kuhl, Patricia. *The Scientist in the Crib: Minds, Brains, and How Children Learn.* New York: William Morrow and Co, 1999.

Kolbe, Ursula. *Children's Imagination: Creativity Under Our Noses.* Peppinot Press. 2014.

Oken-Wright, Pam. http://pokenwright.com/the-voices-of-children-blog/

Topal, Cathy, *Beautiful Stuff! Learning with Found Materials.* Worcester, Mass: Davis Publications, 1999.

www.ingramcontent.com/pod-product-compliance
Lightning Source LLC
Chambersburg PA
CBHW042024100526
44587CB00029B/4293